COLLECTION LES CHEMINS DE LA PRIÈRE N° 2

Du temps pour prier

Du même auteur
(derniers ouvrages publiés)

POÉSIE

Marcheur d'une autre saison, Éditions du Noroît/Le Dé bleu, 1995.
Ce jour qui me précède, Éditions du Noroît, 1997.
L'Empreinte d'un visage, Éditions du Noroît, 1999.
L'Invisible chez-soi, Éditions du Noroît, 2002.
Pêcher l'ombre, haïkus, Éditions David/Le Sabord, 2002.
Haïkus aux quatre vents, Éditions David, 2004.
Chemins du retour, Écrits des Hautes-Terres, 2006.

ESSAIS

La Théopoésie de Patrice de La Tour du Pin, Bellarmin/Cerf, 1989.
Les Défis du jeune couple, Le Sarment-Fayard, 1991.
Que cherchez-vous au soir tombant ? Les hymnes de Patrice de La Tour du Pin, Cerf/Médiaspaul, 1995.
Thérèse de l'Enfant-Jésus, docteur de l'Église, Anne Sigier, 1997.
L'Expérience de Dieu avec Jean de la Croix, Fides, 1998.
Prier quinze jours avec Patrice de La Tour du Pin, Nouvelle Cité, 1999.
La Crise de la quarantaine, Le Sarment-Fayard, 1999.
L'Expérience de Dieu avec Paul de Tarse, Fides, 2000.
Entretiens avec Thérèse de Lisieux, Novalis/Bayard, 2001.
Thérèse de Lisieux, une espérance pour les familles, Béatitudes, 2003.
J'ai soif. De la petite Thérèse à Mère Teresa, Parole et Silence, 2003.
Les Mots de l'Autre, Novalis, 2004.
Les Saints, ces fous admirables, Novalis/Béatitudes, 2005.
Prier : pourquoi et comment, Presses de la Renaissance/Prier/Novalis, coll. « Les chemins de la prière », n° 1, 2006.

RÉCITS

Toi, l'amour. Thérèse de Lisieux, Anne Sigier, 1997.
Le Voyage de l'absente, Écrits des Hautes-Terres, 1999.
Se purifier pour renaître, Presses de la Renaissance, 2004.
Fioretti de sainte Thérèse, Novalis, 2005.
Thérèse de l'Enfant-Jésus au milieu des hommes, Parole et Silence, 2005.

ROMAN

Le Secret d'Hildegonde, Vents d'Ouest, 2000 ; Le Sarment, 2001.

Jacques GAUTHIER

Du temps pour prier

Ouvrage réalisé
sous la direction éditoriale de Christophe RÉMOND
avec la collaboration d'Élisabeth MARSHALL

Dans la même collection :
n° 1 – Prier : pourquoi et comment, 2006
n° 3 – Prier avec son corps, à paraître en 2007

Du temps pour prier est publié par Novalis
et Les Presses de la Renaissance.
Couverture : Nord Compo
Conception graphique : Benoît Mahieux

© Novalis, Université Saint-Paul, Ottawa, Canada, 2007
Novalis, 4475, rue Frontenac, Montréal (Québec), H2H 2S2
        C.P. 990, succursale Delorimier, Montréal (Québec), H2H 2T1
Les Presses de la Renaissance, 12 avenue d'Italie, 75627 Paris,
cedex 13

Dépôts légaux : 1er trimestre 2007
        Bibliothèque nationale du Canada
        Bibliothèque nationale du Québec

Novalis
ISBN : 978-2-89507-909-5

Les Presses de la Renaissance
ISBN : 978-2-7509-0318-3

Nous reconnaissons l'aide financière du gouvernement du
Canada par l'entremise du Programme d'aide au développement
de l'industrie de l'édition (Padié) pour nos activités d'édition.

Imprimé au Canada

À Gilles Bernier, mon beau-père,
qui vit maintenant sa Pâque.

« Tu es mon Dieu ! Mes jours sont dans ta main. »
(Psaume 30, 15-16)

« Restez éveillés et priez en tout temps. »
(Luc 21, 36)

Introduction

Dans *Prier : pourquoi et comment*, premier volume de la collection « Les chemins de la prière », j'abordais l'acte de prier à partir de mon témoignage personnel et de questions concrètes pour répondre au « comment prier ? ». J'invitais à faire l'expérience de la prière chrétienne, ici et maintenant, loin de toute théorie. Je proposais dix raisons essentielles de prier et dix sentiers possibles de mise en route qui mènent à la Présence de Dieu en soi. Je terminais ce petit guide en paraphrasant un vers d'Aragon, chanté par Léo Ferré, « Je chante pour passer le temps » : « Je prie pour passer le temps ». Oui, pour ce qu'il me reste de vivre je prie.

Le temps est une facette capitale de la prière ; nous prions dans le temps et avec le temps. Nous inscrivons ce temps qui passe dans l'éternité d'une rencontre. Mais comment prendre du temps pour prier dans nos journées si souvent surchargées ? Qui ne s'est pas posé cette question un jour ou l'autre ? Qui d'entre nous n'a pas déjà dit ou entendu : « Je n'ai pas le temps de prier ! » C'est l'objection la plus répandue, l'alibi classique qui retarde la décision de prier.

Je voudrais te dire sans attendre qu'en t'exprimant ainsi, tu manifestes indirectement ton désir de la prière. C'est donc un début, car « désirer prier, c'est déjà prier », écrivait saint Augustin. Si tu ne trouves pas de temps pour la prière, c'est que celle-ci n'est pas aussi essentielle que l'air que tu respires. Tu trouves du temps pour faire telle activité parce que tu la juges importante, mais tu n'as plus de temps pour autre chose, car cela te semble moins important. Tu trouveras toujours du temps pour prier, même très court, si c'est aussi vital que respirer. Mais cela demande une certaine discipline. Le premier chapitre de ce livre abordera la question de front.

Dès l'instant où tu t'es décidé à prier chaque jour, l'important reste à venir : persévérer. C'est bien beau de vouloir prier, mais comment tenir ? Ce qui est bien avec la prière, c'est que l'on peut toujours recommencer si on l'a abandonnée. Le temps n'est pas un ennemi, mais un allié. La seule chose à éviter : se décourager. Au deuxième chapitre, j'indiquerai dix difficultés que nous rencontrons couramment lorsque nous voulons persévérer dans la prière.

La prière est un temps *pour* Dieu qui devient le temps *de* Dieu. C'est un temps d'écoute où tu te rends disponible à la présence du Christ, réceptif à sa Parole. L'Esprit-Saint te prend dans son rythme et te conduit où il veut. À toi de correspondre à ce rythme trinitaire qui est amour, gratuité, échange. Mais comment ? En vivant pleinement l'instant présent ; ce sera l'objet du troisième chapitre.

Tu désires prier plus souvent, mais tu manques de temps. Tu te promets alors : « Je me reprendrai durant les vacances. » Bonne chance ! Prier reste un défi toute l'année. Surtout si nous partons de la maison pendant l'été. Mais ne nous décourageons pas, la prière n'est pas un sport extrême pour athlètes avertis, elle est au plus un combat spirituel pour les pauvres que nous sommes. Dans le quatrième chapitre, je te suggère quelques pistes pour prier en vacances, seul, en couple et en famille.

Au cinquième chapitre, nous méditerons brièvement sur les âges de la vie : enfance, adolescence, âge adulte, vieillesse. Le temps est la toile de fond sur laquelle se tisse la prière à même les grandes étapes de notre existence. Temps des semences et des récoltes, temps fécondé par la prière. Les jours où nous prions ne sont pas seulement du temps qui passe, mais une semence qui germe, une fleur qui s'épanouit, une promesse qui se réalise, une paix qui se construit. Le parfum de la prière donne au temps une saveur d'éternité.

La deuxième partie du livre est constituée des cinq chapitres habituels que nous retrouvons de livre en livre : la prière personnelle, prier avec la Bible, la prière de l'Église, petit carnet du priant et prières du monde. Ces chapitres se réfèrent ici au thème du temps : la liturgie des Heures, le temps dans les Psaumes, le cycle de l'année liturgique. Le calendrier liturgique de l'Église devrait inspirer tous nos autres calendriers. La prière serait ainsi inscrite à chaque page de nos agendas.

Rappelons que cette collection se veut une initiation cordiale et simple à la prière, une sorte de petite

« école de prière où l'on apprend à servir Dieu, afin qu'en toutes choses Dieu soit loué », selon l'expression de saint Benoît. Pour le patriarche des moines d'Occident, le temps est donné pour « ne rien préférer à l'amour du Christ ». Quelle belle manière de vivre l'aujourd'hui. Comme l'écrit si bien saint Paul : « S'il me manque l'amour, je ne suis rien » (1 Corinthiens 13, 2[1]).

---

1. Les références bibliques renvoient toujours, dans la Bible, au nom du livre, suivi du numéro du chapitre et de celui (ou ceux) du (ou des) verset(s). Nous avons choisi la traduction liturgique de la Bible, celle à laquelle l'Église des pays francophones se réfère pour sa prière.

Première partie

« Un homme de prière ne peut plus être troublé par le passé car il connaît le regard de la miséricorde de Dieu. Il ne peut pas s'inquiéter de l'avenir car il a mis sa confiance dans un père plein de tendresse. Il vit dans l'instant présent qui est comme le sacrement de la présence de Dieu. »

Jean Lafrance,
La Grâce de la prière

CHAPITRE 1

Comment prendre
du temps pour prier ?

I l y en a dont la vie s'écoule à un rythme tellement accéléré qu'ils semblent sortir tout droit de la série américaine « 24 heures Chrono ». Ils sont surbookés, comme ils disent. Ainsi la vie de Stéphane. Aussitôt descendu du lit, il avale son café à toute vitesse. Il fonce sur la voie express vers le bureau. Il n'a pas le temps de répondre aux courriels, va d'une réunion à l'autre, boucle deux dossiers urgents, engloutit un sandwich en deux bouchées, s'arrête d'urgence au supermarché, court pour ne pas rater le train, file à la garderie, arrive en retard à la maison pour le souper. Et la prière dans tout cela ? Vous rigolez ou quoi ! Pas le temps.

Cet exemple peut sembler exagéré. Et pourtant, regardons nos agendas. Tout va tellement vite aujourd'hui ! De plus, on ne sait plus attendre. Même l'ordinateur n'est jamais assez rapide. Le temps file et il n'y a plus moyen de l'arrêter. Les citadins s'agitent partout, avec ou sans téléphones mobiles, comme s'il y avait péril en la demeure. *Time is money* ! On veut tout, tout de suite.

L'évolution de la technologie a provoqué un nouveau rapport au temps. Il existe des agences de rencontre sur Internet pour trouver l'âme sœur, des cours accélérés pour apprendre la langue des affaires, des produits minute pour activer sa beauté matinale, du tonus express pour se remettre sur pied en un rien de temps, un maximum d'activités pour les enfants stressés. Bref, l'*Homo urgentus* est en train de déclasser l'*Homo sapiens*. L'attente est devenue du temps perdu, ralentir un danger, flâner un délit, rêver un luxe, prier une perte de temps. Pourtant, nous savons bien que le coffre-fort ne suit pas le corbillard.

Comment parler de la prière dans ce contexte de vitesse à haut débit où les gens se consument en consommant toujours plus ? Tout un paradoxe. Les priants apparaissent comme des résistants contre un temps continu, uniforme, tyrannique. Ils vivent dans la confiance, brûlant lentement du temps pour Dieu, comme l'encens s'élève vers le ciel. Ils ne sont pas à la recherche du temps perdu, mais du Dieu venu dans le temps. Le temps devient liturgique ; c'est le temps de la prière, de l'intériorité, de l'action de grâce, de la contemplation.

La prière a soif de lenteur ; elle exige que l'on s'arrête, que l'on prenne un certain recul face à nos besoins. Simplicité volontaire ou prière volontaire ! Dans la prière, nous gagnons du temps en le perdant, nous faisons une pause dans le quotidien, nous nous reposons en nous abandonnant à Dieu. Nous désirons faire dans le temps qu'il nous donne ce qu'il veut que nous fassions. En d'autres termes, nous nous donnons le temps de prendre du temps pour Dieu. Comment ? Voici quelques suggestions, avec l'aide du *Petit Prince* de Saint-Exupéry, conte philosophique qui a ses limites mais dont le succès interplanétaire ne s'est jamais démenti.

Se décider à prier

Le meilleur moyen d'avoir du temps pour prier c'est de commencer à prier. Si tu attends d'avoir du temps pour prier, tu ne prieras pas. La prière commence par une décision de ta part, une détermination ferme de prier chaque jour, quoi qu'il arrive, disait Thérèse d'Ávila. Tu trouveras toujours quelques minutes pour prier si la prière est devenue importante pour toi, comme la rose du petit prince, qui est devenue unique au monde parce qu'il a pris du temps pour elle. C'est l'intention du cœur qui compte dans la prière, beaucoup plus que l'attention à Dieu, dont tu n'es pas toujours maître.

Prier nécessite juste un peu de foi et d'amour envers Dieu, la volonté d'entrer en relation avec lui, le désir de lui parler comme à un ami. Il fera le reste. Mais pour découvrir son amitié, n'est-ce pas trop demander de passer quelques minutes avec lui chaque jour ? Tu penses à tes enfants ou amis que tu aimes, mais rien ne vaut le temps que tu passes avec eux. Ainsi en est-il avec Dieu ; tu penses à lui, mais lui consacrer quelques minutes dans la journée prouve que tu l'aimes et qu'il est important à tes yeux.

17

Le secret d'amitié que le renard dévoile au petit prince avant de le quitter s'applique très bien à ce qu'est la prière, en particulier l'oraison, qui est un cœur à cœur intime et fréquent avec Dieu dont on se sait aimé.

> On ne voit bien qu'avec le cœur, l'essentiel est invisible pour les yeux. [...] C'est le temps que tu as perdu pour ta rose qui fait ta rose si importante. [...] Tu deviens responsable pour toujours de ce que tu as apprivoisé. Tu es responsable de ta rose. (Antoine de Saint-Exupéry, *Le Petit Prince*, Gallimard, 1999, p. 76-78.)

Apprivoiser la prière

Le Petit Prince propose un art de vivre qui transcende les modes et les cultures. Son mysticisme répond au besoin qu'il y a en chaque être humain de se dépasser, de poser des questions, d'aller vers un au-delà que symbolise la planète du petit prince. N'y a-t-il pas un enfant mystérieux, un petit prince blessé, qui sommeille au plus profond de nous ? Saint-Exupéry voulait rendre aux hommes une signification spirituelle, « faire pleuvoir sur eux quelque chose qui ressemble à un chant grégorien », écrivait-il dans un autre livre. Lorsque le petit prince demande pour la troisième fois au renard ce que signifie « apprivoiser », celui-ci répond que c'est une chose trop oubliée : « Créer des liens. »

N'est-ce pas ce que fait la prière ? Elle crée des liens avec soi-même, les autres et Dieu. Mais pour se laisser apprivoiser par la prière, il ne faut pas compliquer ce qui est simple. La prière est une expression de ton désir, un élan du cœur vers Dieu, une communion au Christ. Elle est aussi naturelle que respirer. Elle va t'apprivoiser si tu acceptes de prendre du temps pour Dieu, afin de mieux le connaître et de l'aimer. Tout un défi pour celui ou celle qui court sans cesse. Et pourtant, le temps que tu perds à prier n'est jamais du temps perdu, parce que tu prends le temps d'aimer, de te donner, à l'image du Christ qui est venu dans le temps pour nous ouvrir les portes de l'éternité. Le temps fait son œuvre lorsque tu pries, car tu aimes. N'est-ce pas ta vocation profonde qui te définit comme être humain : aimer ?

Apprivoiser la prière, c'est accepter de prendre du temps pour Dieu, donc de retrancher quelques minutes de télé, par exemple. Apprivoiser la prière, c'est décider à quel moment précis de la journée tu vas consacrer du temps à Dieu. C'est le premier pas de la prière. Personne ne décidera à ta place. Et sache que Dieu attend ce premier pas. Il désire bien plus que toi te rencontrer dans la prière, car il veut te donner son amitié, t'apprivoiser à la mesure de son cœur, te séduire par des liens de tendresse, puisque tu es unique à ses yeux.

> Voici que je me tiens à la porte, et je frappe. Si quelqu'un entend ma voix et ouvre la porte, j'entrerai chez lui ; je prendrai mon repas avec lui, et lui avec moi. (Apocalypse 3, 20.)

Se fixer un temps quotidien

Que ce soit cinq minutes ou une heure, chacun est libre de fixer quotidiennement ce rendez-vous d'amour avec Dieu. Quel est le moment de la journée qui te convient le mieux pour prier : le matin, le midi ou le soir, au moment des repas ou avant le coucher ? La prière va pénétrer toute ta vie si tu fixes un moment précis pour te laisser aimer par Dieu. Cela n'enlève rien à la valeur d'une prière spontanée durant la journée. Un simple mouvement du cœur vers Dieu te fait toucher au temps de Dieu qui se dilate à la mesure de son amour infini pour toi. Mais ne compte pas trop sur l'inspiration du moment pour commencer à prier, sinon tu prieras sporadiquement et tu seras insatisfait.

Se fixer des règles pour acquérir des habitudes n'est pas contraire à la spontanéité et à la sincérité. Pour arriver à ses fins, soit prier quotidiennement, il faut s'en donner les moyens. Qui n'a pas quelques minutes de son temps pour être avec Dieu et respirer en lui ? Trente minutes de prière, c'est si peu dans une journée, si peu dans ta vie, et cela fait tellement de bien au corps et à l'âme ! Même si ta journée avait vingt-cinq heures, penses-tu qu'il serait plus facile de consacrer cette heure supplémentaire à la prière ?

> Celui qui n'a pas une demi-heure a peut-être trois fois dix minutes ou même dix fois trois minutes. (Jean-Marie Perrin, *Vivre avec Dieu*, Aubier, 1957, p. 52.)

Quand prier ?

Moi, c'est le matin que je prie le mieux, environ quarante-cinq minutes. Tout est neuf, j'ai plus de facilité à me recueillir et je suis certain de ne pas oublier ce temps consacré à Dieu. Pour d'autres, c'est le soir. Qu'importe, l'important est de choisir à l'avance un temps et de s'y tenir régulièrement, quitte à se lever plus tôt, ou se coucher plus tard, si l'on est du soir. Certes, nous pouvons prier n'importe où et n'importe quand, et Dieu peut nous rencontrer à tout moment de la journée, mais je le répète, rien ne vaut un temps de prière à heure fixe, autre que la messe ou toute autre assemblée de prière. Les sautes d'humeur, les caprices, les soucis ne sont pas des obstacles puisque c'est décidé, nous n'avons donc pas à nous presser ou à nous inquiéter.

Lorsque vient l'heure que tu as choisie, commence à prier sans attendre. Tu découvriras alors que tu as plein de choses à faire : téléphoner à un ami, ouvrir le courrier, lire une revue, répondre aux courriels... Reviens à ce temps de la prière, même si tu ne t'es fixé que dix minutes au début. Dix minutes de prière quotidienne devant Dieu, en silence, en méditant l'Évangile du jour ou en lui disant que tu l'aimes, valent mieux qu'une heure de temps en temps. À toi de trouver le rituel qui habillera ton cœur : coin prière dans la maison, bougie, croix, icône, Bible... Et je sais par expérience que les dernières minutes de la prière sont souvent les plus importantes, surtout si tu as eu l'impression de prier mal ou de tourner en rond. « Notre cœur aurait beau nous accuser, Dieu est plus grand que notre cœur, et il connaît toutes choses » (1 Jean 3, 20).

Il faut être patient, répondit le renard. Tu t'assoiras d'abord un peu loin de moi, comme ça, dans l'herbe. Je te regarderai du coin de l'œil et tu ne diras rien. Le langage est source de malentendus. Mais, chaque jour, tu pourras t'asseoir un peu plus près.

Le lendemain revint le petit prince.

Il eût mieux valu revenir à la même heure, dit le renard. Si tu viens, par exemple à quatre heures de l'après-midi, je commencerai d'être heureux. Plus l'heure avancera, plus je me sentirai heureux. À quatre heures, déjà, je m'agiterai et m'inquiéterai : je découvrirai le prix du bonheur ! Mais si tu viens n'importe quand, je ne saurai jamais à quelle heure m'habiller le cœur... Il faut des rites. (*Le Petit Prince*, *op. cit.*, p. 73-74.)

Où prier ?

Un endroit favorable au recueillement de la prière nous incite à prendre du temps pour Dieu. Ce peut être la maison, une église, un oratoire avec la présence eucharistique, un lieu de solitude qui permet de descendre dans la chambre du cœur... Jésus est clair :

> Mais toi, quand tu pries, retire-toi au fond de ta maison, ferme la porte, et prie ton Père qui est présent dans le secret ; ton Père voit ce que tu fais dans le secret : il te le revaudra. (Matthieu 6, 6.)

On peut prier n'importe où, et pourquoi pas dans son lit. Mais il est souhaitable d'aménager un coin prière dans la maison qui sera le lieu du rendez-vous entre Dieu et toi : Bible ouverte, cierge allumé, crucifix, image sainte, icône. Tu peux t'asseoir sur un coussin ou un tapis. L'important est d'avoir une position corporelle stable qui va t'aider à te mettre en présence de Dieu. Tu te recueilles pour entrer en relation avec ce Dieu qui est présent au plus intime de ton cœur. Un bon départ est très important dans la prière pour rompre le rythme de la vie courante.

Bien commencer

Les premiers moments de la prière sont essentiels, car ils donnent le ton à ce que tu vas vivre. À toi de voir. Tu peux allumer une bougie, faire une génuflexion lente et un signe de croix, chanter une hymne. Tu peux commencer par un *Notre-Père*, une invocation à l'Esprit-Saint, un verset d'un psaume. Tu entres en relation profonde avec le Christ présent en toi ; c'est par lui que le Père se révèle à toi dans son Esprit. Tu laisses tes soucis en les offrant au Seigneur.

Après quelques minutes de silence, tu peux prendre un passage de la Parole de Dieu, le méditer dans ton cœur pour qu'il devienne prière[1]. Tu parles à Dieu simplement de ce que tu vis, tu l'écoutes, dans un échange de cœur à cœur : « Parle, Seigneur, ton serviteur écoute » (1 Samuel 3, 9). Tu peux répéter intérieurement un mot qui t'aide à te recueillir : Jésus, Abba, Amour, Paix... Il suffit d'être et d'aimer, non d'avoir ou de faire. Ton corps reste immobile et ton esprit bien éveillé à l'amour de Dieu. Tu reviens à Dieu autant de fois que tu as des distractions. Tu termines ce temps d'être par une prière que tu connais, un signe de croix par exemple.

Il ne s'agit pas tant de faire le vide que de communier au Christ qui prie en toi par son Esprit dans l'instant qui passe. Tu es présent à Dieu dans sa paix, tu le laisses faire sans t'inquiéter de ce qu'il fait. Tu entres dans un autre temps, celui de l'aujourd'hui de Dieu. Ta liberté s'aimante à celle de Dieu qui te conduit à sa manière et te donne la prière dont tu as besoin. Tu ne désires que lui, parce que c'est Dieu.

Si j'accorde tant d'importance à la prière personnelle, que la tradition appelle aussi « oraison » ou « prière contemplative », c'est parce que l'expérience m'a prouvé que c'est la meilleure manière d'entrer dans la prière communautaire de l'Église, comme l'eucharistie du dimanche et des jours de la semaine. Il y a aussi les soirées de prière, la prière en famille, la liturgie des Heures, le chapelet, mais tout cela risque de rester extérieur à soi si je ne vis pas la prière de l'intérieur, à un moment précis de la journée.

---

1. Pour prier avec la Bible, voir *Prier : pourquoi et comment*, Presses de la Renaissance/Prier/Novalis, p. 60-63.

Prier partout

Que peux-tu donner à Dieu dans la prière, sinon ton temps et ton amour ? Ce temps de prière personnelle à heure fixe t'inspirera de tourner ton cœur vers Dieu à n'importe quel moment de la journée. On donne toujours de son temps à ceux qu'on aime. On trouve alors toujours ces petits rendez-vous de la prière qui ne prennent souvent que quelques secondes : dans la douche, au volant de la voiture, à un feu rouge, dans une file d'attente, en faisant la cuisine... Il y a tant d'occasions que le temps nous donne pour prier !

Par exemple, il m'arrive souvent de prier dans un train, un autobus ou un avion. Que je sois seul ou non, rien ne peut m'empêcher de fermer les yeux, d'invoquer l'Esprit-Saint, de me mettre en présence du Seigneur, et de répéter intérieurement le nom de Jésus. Parfois, je récite un chapelet en me servant discrètement de mon dizainier que je porte au doigt. À un autre moment, je lis les textes de la messe du jour, ou un récit biblique. Je lis lentement et je m'arrête pour méditer un passage, souvent un verset de psaume, me rappelant sans cesse la présence de Dieu qui m'accompagne partout. À cet égard, le livret « Prier au quotidien », supplément de la revue *Prier*, s'avère un précieux outil, tout comme les textes de la messe contenus dans le « Prions en Église » et le « Magnificat ».

Il est vrai que le train n'est pas le lieu idéal pour prier, mais y en a-t-il un, tant la prière est intimement liée à la vie ? Je prie dans le confort du train avec la vie qui m'enveloppe, malgré les distractions et le va-et-vient habituel. Je prie souvent pour les passagers qui m'entourent, tous créés à l'image de Dieu. Je confie au Seigneur telle personne qui me semble plus affligée. Je loue aussi le Seigneur pour la beauté de sa création qui défile à ma fenêtre. De fil en aiguille, je tricote de l'amour avec ma prière du cœur toute simple. Le Seigneur répand sa paix sans que je m'en aperçoive. Le train est devenu un lieu de prière.

Je ne suis pas seul à prier dans un train. J'ai déjà vu un musulman accomplir sa prière en s'orientant du mieux qu'il pouvait vers la qibla, la direction de La Mecque. J'ai lu sur Internet que sur la ligne Tel-Aviv-Jérusalem, le dernier wagon est utilisé pour étudier la Torah. Sur cette même ligne, au départ de Beth Chemech, des prières sont organisées le matin et au retour.

> Le Seigneur te gardera, au départ et au retour, maintenant et à jamais. (Psaume 120, 8.)

EXERCICE PRATIQUE

Dans nos journées souvent surchargées, il est bon de se retirer quelques minutes au fond de son cœur, à heure fixe, et d'y puiser l'eau vive de la prière. On sanctifie ainsi le temps. Recueille-toi un instant et demande au Christ de te donner à boire, là où tu es. Ces « pauses » sont souvent possibles à la maison, en auto, en métro, au travail, où tu peux prier. Par exemple, à un feu rouge. Il tourne au jaune comme tu t'approches de l'intersection. Au lieu de grogner contre ce ralentissement, pourquoi ne pas y voir un clin d'œil de Dieu qui veut entrer en relation avec toi. Alors tu savoures cette pause en fermant les yeux et tu dis intérieurement : « Seigneur, je crois que tu es présent en cet instant, je te bénis pour ton amour et je te demande de veiller sur tous les automobilistes que je rencontre ». Tu peux aussi réciter un *Notre-Père*, ou une autre prière que tu connais. Si tu prolonges un peu trop la prière, l'automobiliste derrière toi te le fera savoir lorsque le feu tournera au vert. Alors tu te reprendras au prochain feu rouge.

Prière

Seigneur Jésus, l'être humain est très occupé
à découvrir les mystères de la nature,
à envoyer des satellites dans l'espace,
à inventer des ordinateurs plus puissants,
à modifier la vie en laboratoire,
à développer l'économie au détriment des petits,
à faire toujours plus d'argent.

Il se repose de moins en moins en toi,
affairé à ses machines qui l'épuisent.
Il se prend tellement au sérieux,
on dirait qu'il veut prendre ta place au ciel,
alors que tu es sur la terre pour le guider,
se réjouir de son génie créateur et inventif
qui rejaillit sur la gloire de notre Père.

Sans ta Parole et sans ton Pain, Seigneur,
que fera l'homme de son pouvoir grandissant ?
Comment pourra-t-il fabriquer de l'amour
s'il ne boit pas à la source de ton amour,
s'il ne prend pas du temps pour te prier ?
Fais que son esprit s'ouvre à ton souffle
et que son cœur repose à l'écart près du tien.

CHAPITRE 2

Comment persévérer
dans la prière ?
Dix difficultés courantes

Nous le savons, le plus important dans la prière, c'est la persévérance, et cela se vit dans le temps. Nous sommes toujours des apprentis sur ces chemins de la prière, car nous ne savons pas prier comme il faut ; c'est pourquoi nous recommençons sans cesse, avec l'aide de l'Esprit-Saint, bien sûr. Car c'est lui le véritable maître de la prière. Il est toujours bon de l'invoquer lorsque nous entrons en prière.

> L'Esprit-Saint vient au secours de notre faiblesse, car nous ne savons pas prier comme il faut. L'Esprit lui-même intervient pour nous par des cris inexprimables. Et Dieu, qui voit le fond des cœurs, connaît les intentions de l'Esprit : il sait qu'en intervenant pour les fidèles, l'Esprit veut ce que Dieu veut. Nous le savons, quand les hommes aiment Dieu, lui-même fait tout contribuer à leur bien, puisqu'ils sont appelés selon le dessein de son amour. (Romains 8, 26-28.)

Saint Paul exhortait régulièrement les premiers chrétiens à persévérer dans la prière, à prier sans cesse. Bref, à prier comme on respire, pour que toute la vie devienne prière.

> En tout temps et à tout propos, rendez grâces à Dieu le Père au nom de notre Seigneur Jésus-Christ. (Éphésiens 5, 20.)
> Vivez dans la prière et les supplications ; priez en tout temps dans l'Esprit, apportez-y une vigilance inlassable et intercédez pour tous les saints. (Éphésiens 6, 18.)

Bien sûr, il ne s'agit pas ici de rester en prière consciente toute la journée, mais de vouloir prier sans cesse, de vivre le désir de la prière qui fait de tout instant une prière. « Ton désir, c'est ta prière », disait saint Augustin. Et qu'est-ce que prier sans cesse pour un chrétien ? N'est-ce pas ce désir profond de vouloir vivre comme Jésus, de mettre toute notre vie sous le regard du Père en voulant faire sa volonté ?

Nous ne pouvons persévérer dans la prière que par l'ardeur de cet amour humble et confiant qui attend tout de Dieu. Si nous l'aimons vraiment, nous prierons. S'il fait partie de notre vie, nous mènerons le combat de la prière avec la force de notre foi, la vigueur de notre espérance et la ferveur de notre amour. Car la prière est un combat qui se vit dans le temps. Nous avons à vaincre la lourdeur, la paresse, l'ennui, la routine, par la puissance de la Parole de Dieu qui soutient notre prière. Nous avons à lutter contre cette vague impression que nous perdons notre temps dans la prière, que nous ne savons pas quoi dire et quoi faire lorsque les distractions nous talonnent. Nous avons à combattre cette tentation qu'il ne se passe rien lorsque nous prions, que Dieu n'entend pas nos prières, qu'il ne nous exauce pas.

Voici dix difficultés courantes que tu rencontreras sur les sentiers sinueux de la prière. Si tu veux persévérer, il te faudra les affronter souvent. Sois confiant, tu n'es pas seul à vivre cette expérience.

1. Je ne peux pas prier

Tu peux toujours prier si tu le décides, même si ton esprit n'est pas toujours attentif. La prière comme l'amour est un choix, une décision, un acte de volonté. Sois présent à Dieu durant ce temps que tu as fixé durant la journée. Accepter de vouloir prier, c'est déjà prier. Tu as l'impression de parler dans le vide, qu'en sais-tu ? Dieu désire tellement que tu lui parles, mais encore plus que tu l'écoutes. La Parole de Dieu est près de toi pour que tu la médites et qu'elle nourrisse ton cœur.

Ne cherche pas des satisfactions sensibles dans la prière, tu es là pour Dieu, parce qu'il est Dieu. Prier, ça ne sert à rien, sinon rencontrer Dieu dans une relation d'amour. Ne t'attends pas à obtenir quelque chose de particulier ou à ressentir un quelconque sentiment, Dieu est là et cela suffit. Le Christ est ressuscité et il t'envoie son Esprit pour que ta prière plaise au Père. Ce que tu as à faire : prier dans l'attente de la venue du Seigneur, être fidèle à ton poste de solitude. C'est la fermeté de l'intention qui compte surtout dans la prière, l'adhésion de notre volonté à ce que Dieu veut pour nous.

> Je veux me tenir à mon poste de garde, rester debout sur mon rempart, guetter ce que Dieu me dira, et comment il répliquera à mes plaintes. (Habaquq 2, 1.)

2. Je n'ai pas assez de silence

Parfois l'on se plaint en de longues jérémiades : « Si je pouvais avoir plus de silence, me retirer dans un lieu calme, être loin d'ici, je prierais mieux. » Prie donc là où tu es, avec ce que tu vis. Certes, il est bon de réunir les meilleures conditions pour prier, mais la prière qui te convient est celle que tu peux vivre aujourd'hui. Dieu donne la prière dont tu as besoin au moment même où tu pries. C'est une question de foi et de confiance.

Tu auras beau réunir les conditions idéales pour prier, il y aura toujours des obstacles comme la fatigue, les distractions, la paresse, le manque de foi. Même si tu fuis jusqu'au désert le plus éloigné, tu t'apercevras bien vite que ton principal obstacle à la prière, c'est toi-même. Tu peux tout quitter, mais te quitter toi-même et tes pensées, c'est une autre histoire. L'important est de continuer à prier, en le regardant lui, Jésus, sans trop te regarder, en conversant avec lui comme avec un ami. La prière est union à Dieu dans le bruit comme dans le silence. Et ce silence est beaucoup plus intérieur qu'extérieur ; il est communion au mystère de Dieu, dans le métro comme au monastère.

3. Je n'ai pas le goût de prier

Tu n'as pas envie de prier, tu es même dégoûté de la prière. Déçu, tu en as ras le bol de ne rien sentir, d'être dans la sécheresse, d'éprouver même de la tristesse. Eh bien, la vraie prière commence pour toi. Celle que tu ne sais pas faire, celle qui t'ennuie, celle que tu oublies. Tu ne penses même pas que tu pries en priant ainsi, et pourtant tu pries vraiment.

Un conseil : tu peux demander à Marie de t'aider. Elle a vécu la grande aventure de la foi sans tout comprendre, dans le réel quotidien de Nazareth, méditant dans son cœur les Écritures. Elle a cru au-delà de tout goût et sentiment, jusqu'à la croix. Élisabeth, remplie de l'Esprit, avait eu raison de prophétiser : « Oui, bienheureuse celle qui a cru en l'accomplissement de ce qui lui a été dit de la part du Seigneur » (Luc 1,45).

Les actes de foi, d'espérance et d'amour que tu fais en priant ont un goût particulier qu'il est difficile aux sens de détecter. Ces actes te font entrer dans une fréquentation toujours plus intime de celui que ton cœur cherche. Il y a une certaine saveur à chercher Dieu, à le prier dans l'instant présent, à cultiver la relation avec lui. Ce Dieu s'est fait connaître dans le visage du Christ. Fixe les yeux sur Jésus en fréquentant les Évangiles. Écoute sa Parole pour entrer en dialogue avec lui. Même si tu ne goûtes pas sa Parole et que tu n'as pas envie de prier, que ton corps soit témoin de ta bonne volonté à durer dans la prière. Dieu te fera goûter son amour un jour ou l'autre.

Et persévère ainsi autant que nécessaire. Après la nuit point toujours l'aube.

4. Je ne ressens rien

Il est normal parfois de ne rien ressentir dans la prière, puisque toute émotion vient des sens et que tu es en présence de Dieu qui n'est pas dans le sensible. C'est ce que le poète mystique Jean de la Croix appelle « la nuit obscure » : nuit par la foi elle-même qui nous fait croire ce que nous ne voyons pas, nuit par notre raison qui ne peut pas saisir totalement le mystère de Dieu, nuit par Dieu lui-même qui est au-delà de tout ce qu'on pourrait en dire et comprendre. Ce Dieu, que « nul n'a jamais vu » (Jean 1, 18), mais que Jésus est venu révéler comme Père, est « un Dieu caché » (Isaïe 45, 15).

Console-toi, tous les grands spirituels ont connu cette épreuve de l'aridité dans la prière. Thérèse de Lisieux parle d'un sombre tunnel ou d'un brouillard qui l'empêchait de jouir de la foi. C'est souvent quelque chose de passager. Après la nuit l'aurore, après l'hiver le printemps, après la tristesse la joie, après les ténèbres la lumière, après la mort la résurrection. Sache que Dieu est près de toi dans la sécheresse autant que dans l'abondance.

Si tu persévères dans cet état, Dieu te comblera autrement. Il changera ton désir en don, te rendra libre en te laissant devenir ce que tu es. Tu découvriras que son absence est une forme supérieure de présence. Tu seras plus présent à son mystère. Ta foi sera plus enracinée, ton amour plus intense. Le temps que tu sembles perdre te sera redonné en efficacité, car c'est l'Esprit qui aimera en toi. Voilà les merveilles que Dieu fera en toi si tu persévères dans la prière. Pour t'y aider il y a le nom de Jésus à répéter, les psaumes à méditer, les sacrements à recevoir, le chapelet à « marcher », le silence à attendre, et les avis des grands priants à écouter :

> Quelquefois lorsque mon esprit est dans une si grande sécheresse qu'il m'est impossible d'en tirer une pensée pour m'unir au Bon Dieu, je récite très lentement un *Notre-Père* et puis la salutation angélique (le *Je vous salue Marie*) ; alors ces prières me ravissent, elles nourrissent mon âme bien plus que si je les avais récitées précipitamment une centaine de fois... (Thérèse de Lisieux, *Histoire d'une âme*, Presses de la Renaissance, 2005, p. 314.)

5. Il ne se passe rien

Qu'est-ce qui se passe lorsque tu t'exposes au soleil ? Tu te laisses réchauffer par ses rayons. Ainsi en est-il de la prière ; tu t'exposes à Dieu pour te laisser aimer et brûler de l'intérieur. Il se passe toujours quelque chose dans la prière, mais pour voir les merveilles que le Seigneur accomplit, il faut les yeux de la foi. Sans la foi et l'amour, la prière peut te sembler une fuite du monde, une perte de temps, un lieu vide. Et pourtant, heureuse perte de temps nécessaire qui ouvre un espace de gratuité dans le quotidien, comme un entracte pour mieux te relancer dans l'action.

Il n'y a pas d'espace vide de Dieu. Ce n'est pas parce que tu ne ressens rien qu'il ne se passe rien. La prière est toujours efficace, même si elle semble ne rien t'apporter. C'est un moment de veille entre deux engagements. La prière est pure gratuité ; tu pries parce que tu aimes, et cela ne se calcule pas. Fais mémoire de toutes les bontés de Dieu envers toi et tu verras que le goût de Dieu n'aura pas complètement disparu.

Bien sûr, il peut arriver que dans la prière, personnelle ou communautaire, ton cœur soit tout brûlant d'amour comme ceux des disciples d'Emmaüs, qu'une joie et une paix inondent ton cœur, qu'une lumière particulière te soit donnée sur la miséricorde infinie de Dieu, que tes larmes coulent quand tu écoutes sa Parole, que son pardon soit ressenti intérieurement... Dieu agit souvent ainsi envers ceux qui commencent dans la prière pour les encourager à continuer, mais tout cela peut changer.

Dieu a assez confiance en toi pour te conduire au désert de sa croix. Même si tu ne ressens plus la présence du Seigneur, cela ne veut pas dire que ce que tu vis est faux. La foi te dit que Dieu est présent à la fine pointe de ton âme. Y crois-tu, même si tu ne ressens pas cette présence ? Ce qui fait la valeur de ta prière, c'est la foi et l'amour que tu y mets. Ne te centre donc pas sur toi-même et tes sensations lorsque tu pries, mais recueille-toi en Dieu et fixe ton attention sur son amour pour toi.

6. Je m'ennuie

Qu'est-ce qui m'ennuie ? Les formules toutes faites que l'on répète et qui assèchent le cœur. Le fait que l'on soit là, dans le vide, dans l'attente d'un Dieu qui ne vient pas, que je n'aie rien à lui dire. Ou que le temps ne passe pas assez vite et que j'aie mille choses intéressantes à faire. Pourtant, il ne s'agit pas ici de quelque chose à faire, mais de Quelqu'un à aimer et à écouter. Et puis, les Écritures donnent les mots de Dieu lorsque je trouve les miens trop ennuyeux. Avant de parler à Dieu, il est bon d'écouter sa Parole.

Pourquoi n'acceptes-tu pas de t'ennuyer devant Dieu ? Prier, c'est aussi parfois s'ennuyer devant Dieu, par amour. Ainsi tu ne t'attends à rien, mais tu attends tout de la grâce divine. N'es-tu pas un pauvre qui ne sait pas prier ? Tu vis ton impuissance à prier devant Dieu parce que tout ce que tu vis lui appartient, même ton ennui à le prier. Ta prière devient alors un long acte d'adoration et de louange pour ce qu'il est.

As-tu pensé que tu peux t'ennuyer dans la prière parce que tu es fatigué, que tu n'as pas choisi le bon moment, que tu as un horaire chargé ou un travail stressant, que tu traînes une image négative de Dieu ou une conception utilitaire de la prière ? Dieu sera toujours l'Autre qui n'est pas le prolongement de ce que je voudrais qu'il soit. Et la prière sera toujours un don de son Esprit qui nous échappera sans cesse.

Lorsque l'on s'ennuie vraiment dans la prière, le plus simple est de répéter un mot, comme « Jésus », ou une phrase comme celle-ci : « Je t'aime Seigneur et je sais que tu m'aimes », ou ne rien dire, à l'exemple de Thérèse de Lisieux, alitée à l'infirmerie du carmel de Lisieux : « Je ne lui dis rien, je l'aime. » L'ennui peut être l'occasion d'apprendre à écouter le silence de Dieu.

Ne te casse pas la tête pour savoir quoi dire à Dieu, laisse monter ce qui vient à toi. Un simple balbutiement ravit son cœur de Père. La prière te dépouille, te décentre de toi-même. Tu es obligé d'être nu devant Dieu, comme un tout-petit dans son berceau, comme le Christ sur la Croix. Tu acceptes d'être vulnérable, inefficace, distrait. Et pourtant tu continues à perdre ton temps pour lui, à l'adorer et le louer. C'est alors que tu entres dans son désir et que tu laisses sa volonté s'installer en toi, même si tu t'ennuies en sa présence. Tu communies à toutes les personnes qui s'ennuient et tu les portes dans ta pauvre prière.

7. J'ai trop de distractions

Les distractions sont normales dans la prière, c'est un signe que l'on est vivant et que notre imagination fonctionne. Contrairement à ta décision de prier, qui vient de la volonté, les distractions sont souvent indépendantes de notre vouloir. Elles vont et viennent comme des mouches, nous empêchent de nous concentrer comme nous le voudrions. Certaines viennent du dehors, comme les bruits de la rue, d'autres de soi-même : l'imagination avec ses images, la mémoire avec ses souvenirs, le corps avec ses douleurs. Vouloir les chasser ajoute au trouble, mieux vaut prier avec elles. Si elles persistent, comme se rappeler un rendez-vous, acheter du pain, finir un travail, téléphoner à un ami, et bien écris-les sur un papier à portée de main et continue à prier. Certes, ces distractions seront remplacées par d'autres, mais elles seront peut-être moins accaparantes.

Les distractions sont des occasions de prière ; à toi de les transformer en demande, intercession, action de grâce, pardon. C'est la vie qui jaillit de l'inconscient. « Merci Seigneur pour la voiture que je dois réparer. Je te bénis pour les enfants qui me donnent du souci. Aide-moi, Seigneur, à accepter tel collègue. Je te demande pardon pour ce désir de vengeance qui monte en moi lorsque je pense au voisin. Merci de me rappeler que Noël approche. Je te confie telle personne, etc. »

Tout peut être occasion d'élever son cœur vers Dieu qui connaît les faiblesses de notre nature : « Seigneur, apprends-moi à prier. Dieu, viens à mon aide. Esprit-Saint, viens prier en moi. » Dieu préfère nous voir prier distraits plutôt que pas du tout parce que l'on n'arrive pas à se recueillir. Offre-toi donc à Dieu tel que tu es, car il ne méprise pas ta prière d'enfant. Encore ici, seul l'amour compte pour persévérer dans la prière, remplie ou non de distractions.

Un jour, peut-être, tu ne penseras à rien en priant, car la présence du Père, de Jésus ou de l'Esprit aspirera tellement ton cœur que seuls resteront un élan intérieur, un simple regard, une attention amoureuse. Tu sauras alors qu'il existe un véritable plaisir à prier.

8. Je suis dans l'action

Tous les alibis sont bons pour ne pas persévérer dans la prière. Par exemple : « J'aide les autres, c'est mieux que de perdre son temps à prier. Mon travail c'est une prière, cela me suffit. Je suis plus actif que contemplatif. » Aimer les autres et faire de son travail une prière ne doivent pas t'éloigner de la prière personnelle gratuite, au contraire, mais t'y ramener comme à une source qui vivifie ton action et t'aide à rester uni à Dieu toute la journée. Si tu pries régulièrement, ton travail portera encore plus ses fruits, et ton action ne dégénérera pas en agitation. Saint Benoît avait visé juste en prenant pour devise : *Ora et labora* (« Prie et travaille »).

Le temps que tu prends pour Dieu dans la prière sera encore plus fécond si tu vis le reste de la journée dans une attitude de prière, c'est-à-dire d'accueil de l'autre et de Dieu. Le temps que tu prends pour aimer ne peut que faciliter l'union à Dieu dans la prière et dans la vie quotidienne. Tu pries comme tu vis et tu vis comme tu pries, l'un influence l'autre. Dans la prière comme dans la vie, tu vis avec Dieu. Action et contemplation sont en toi comme deux sœurs.

Grâce au temps d'oraison et d'adoration que tu vis quotidiennement, tu as plus de chance de travailler avec Dieu et d'aimer les autres pour eux-mêmes. C'était le secret du rayonnement de Mère Teresa et de sa congrégation :

> Chaque soir, quand nous revenons de notre labeur, nous nous rassemblons dans la chapelle pour une heure continue d'adoration. Dans la quiétude du crépuscule, nous trouvons la paix dans la présence du Christ. Cette heure d'intimité avec Jésus est cruciale. J'ai vu une grande transformation s'opérer dans notre congrégation depuis le jour où nous avons instauré la pratique quotidienne de l'adoration. Notre amour pour Jésus en est devenu plus familier. Notre amour les uns pour les autres, plus affectueux. Notre amour pour le pauvre, plus compatissant. (In *J'ai soif. De la petite Thérèse à Mère Teresa*, Parole et Silence, 2003, p. 86, du même auteur.)

Saint Ignace de Loyola disait qu'il fallait trouver Dieu en toutes choses. Or, ce que Dieu veut, c'est que l'on choisisse la vie en abondance dans le Christ. Choisir la vie, c'est prier avec le Fils, s'offrir à lui, surtout dans l'eucharistie, l'adorer dans le saint sacrement lorsqu'on le peut. C'est communier intensément à la vie de l'Esprit qui est en travail d'enfantement au cœur du monde.

9. Je me décourage

La prière, comme l'amour, passe par l'épreuve du temps. Le pire ennemi, c'est le découragement. Accepte que la prière ne se déroule pas comme tu le voudrais. Le temps de Dieu n'est pas le nôtre. Ses voies ne sont pas nos voies. En communiant à son amour dans la prière, il te fait entrer dans son désir sans te faire quitter ton aujourd'hui. Pour connaître ce qui est bon pour toi et pour ne pas oublier le Seigneur, ne délaisse pas ce rendez-vous d'amour qu'est la prière.

Une seconde suffit pour tourner ton cœur vers Dieu et apaiser tes doutes. Les méthodes n'y peuvent pas grand-chose. Tu ne progresses pas dans la prière à coup de techniques, mais par des actes de foi, d'espérance et d'amour. Tu te présentes gratuitement devant lui, pas seulement pour lui demander quelque chose, mais pour le laisser exister en toi. Tu es pécheur, il est Sauveur. Tu pries, il prie en toi. Tu te fixes des buts, il les réalise en toi. Ainsi l'aile du désespoir ne te frôlera pas très longtemps.

Tiens bon sur les chemins de la prière et tu iras de découverte en découverte. À celui qui réserve chaque jour, toutes occupations cessantes, une demi-heure pour Dieu seul ne manquera jamais d'un vaste espace. Les fruits de la prière sont là. Ne les vois-tu pas ? Paix intérieure, confiance, réconfort, espérance, calme, joie de vivre, disponibilité à autrui, intuition de la vie éternelle commencée maintenant. Allons ! Courage. Tu es un être en devenir, comme la prière.

> Celui qui court vers Toi devient toujours plus grand et plus haut que lui-même, augmentant toujours par l'accroissement des grâces [...] ; mais comme ce qui est recherché ne comporte pas en soi de limite, le terme de ce qui est trouvé devient pour ceux qui montent le point de départ de la découverte de biens plus élevés. Et celui qui monte ne s'arrête jamais d'aller de commencement en commencement par des commencements qui n'ont jamais de fin. (Grégoire de Nysse, « Homélie sur le Cantique des Cantiques », in *La Colombe et la Ténèbre*, de l'Orante, 1965, p. 110-111.)

10. Dieu est trop loin

Dieu est toujours là, près de toi, présent en toi, en cet instant, dans l'aujourd'hui de son Esprit. Accepte cette présence avec confiance et offre-toi à Dieu. Ta prière lui appartient. C'est un don que tu lui rends jour après jour. Il ne veut que la fidélité dans la prière. « Le juste vivra par sa fidélité » (Habaquq 2, 4). C'est le grand combat à livrer, on y arrive en s'appuyant sur la fidélité de Dieu. Il n'est jamais en retard dans ses promesses, même s'il semble tard pour nous. La persévérance obtient tout. Rien ne t'empêche de lui redire cette supplication, jour après jour, lorsque tu le sens si loin : « Dieu, si tu existes, révèle-toi à moi. »

En réalité, pour persévérer dans la prière et franchir les obstacles qui sont sur ta route, les vraies questions ne sont pas pourquoi et comment prier, où et quand, combien de temps. Non, une question plus fondamentale demeure : quelle idée me fais-je de Dieu ? C'est elle qui te motivera pour tenir bon.

Tu auras beau dire et redire que tu ne peux pas prier, que le silence se fait rare, que tu n'as pas le goût de prier, que tu ne ressens rien, qu'il ne se passe rien, que tu t'ennuies, que tu as trop de distractions, que tu es dans l'action, que tu te décourages, la question essentielle est celle-ci : « Qui est Dieu pour moi ? » La fidélité de ta prière sera la réponse la plus authentique à cette question. Si Dieu est au cœur de ta vie, la prière le sera aussi. Dis-moi à quel Dieu tu crois et je te dirai quelle est ta prière.

EXERCICE PRATIQUE

Je fixe un temps dans mon agenda pour prier dans un lieu qui me parle. J'use du temps qu'il me reste en me recueillant quelques minutes par jour à la maison, au bureau, à l'école, à l'église... Je demeure en présence de Dieu, avec Jésus et l'Esprit qui prient en moi. J'en profite pour présenter à Dieu mes projets, ce qui me tient à cœur. Je demande à Dieu de bénir les personnes qui me sont chères autant que celles avec qui j'ai le plus de difficulté à vivre. Je fais confiance à Dieu et je m'engage à persévérer dans la prière. Je lui réponds dans la foi en méditant sa Parole. Je lui demande qu'il se révèle à moi comme un Père compatissant et qu'il me fasse entrer dans l'éternel dialogue d'amour qu'il a avec le Fils et l'Esprit. Je m'expose à lui pour qu'il voie en moi l'image de son Fils Jésus, venu dans le temps pour m'ouvrir les portes de la vie éternelle par sa passion et sa résurrection.

Prière

Donne à notre foi, Dieu, Maître du temps,
la juste tonalité pour chanter l'essentiel :
l'espérance qui dénoue le cœur inquiet,
l'amour qui désencombre l'âme distraite.

Tu es plus proche que ce qui nous éloigne,
Père blotti au creux de nos amours,
si présent en tout ce qui est humain.
Aide-nous à persévérer dans la prière.

Que nos portes s'ouvrent à ton silence,
Amour désarmé aux mille visages,
que nous entendions tes pas au-dedans,
dans la rumeur de nos mots.

Pourquoi crier ton nom au-dehors ?
Il jaillit en notre puits comme une source.
Dieu caché, visible sur le visage du Christ,
compagnon d'épreuve de toutes les douleurs,
qui nous parle toujours
lorsque l'amour semble se taire
au vendredi de nos croix.

CHAPITRE 3

Vivre l'instant présent

L e temps pour rencontrer Dieu est celui de l'instant présent qui s'inscrit dans la durée. C'est dans le brouhaha des vies conjugales, familiales et communautaires que Dieu s'invite : les soins donnés au bébé, les activités des enfants, les interactions quotidiennes, les déplacements en voiture, les accompagnements de toutes sortes, les petits gestes répétitifs au travail, tout ce qui fait le tissu de la vie, tout ce que nous portons d'humanité, tout l'amour à vivre au quotidien, tous nos « bonjour » et nos « merci ».

Ce n'est pas la grandeur de ce que l'on fait qui compte, mais la vérité et l'amour avec lesquels on le fait à l'instant présent.

> Aimons-nous les uns les autres, puisque l'amour vient de Dieu. Tous ceux qui aiment sont enfants de Dieu, et ils connaissent Dieu […] Dieu est amour : celui qui demeure dans l'amour demeure en Dieu et Dieu en lui. (1 Jean 4, 7-16.)

Dieu se vit aujourd'hui, pas hier ni demain, car l'amour est présent. Prier, c'est s'ouvrir à la Présence de Dieu en étant présent à soi-même aujourd'hui. Dieu se donne dans la plénitude du moment, d'où l'importance d'habiter son cœur et de vivre l'instant présent, tel qu'il se présente à nous, dans sa beauté comme dans sa laideur.

Comment goûter chaque moment comme si c'était le premier et le dernier ? Comment faire de l'instant présent sa demeure ? Comment accueillir toutes les activités journalières sans maugréer ? Comment communier avec les autres sans ressasser continuellement le passé ou essayer de prévoir le futur, ce qui peut être angoissant ? Comment aimer et prier sans être nostalgique du passé et anxieux de l'avenir ? Tout simplement en vivant pleinement l'instant présent, cette minute dans laquelle Dieu se donne gratuitement. La prière intérieure aide à demeurer dans le moment présent et à y être heureux.

Thérèse de Lisieux a chanté la fécondité de cet instant présent dans son poème « Mon chant d'aujourd'hui ». Elle a voulu tout faire par amour, c'est-à-dire mettre le maximum d'amour dans l'instant, en ne comptant que sur Dieu. Maîtresse de vie spirituelle et docteur de l'Église, elle va nous accompagner dans ce chapitre.

La grâce d'être là

« Tout est grâce », disait la petite Thérèse. Oui, il y a une grâce, une beauté, un amour à être là, présent à ce que tu es, à ce que tu vis. Tu ne peux pas être à deux places en même temps. Savoure donc cet instant qui ne reviendra plus de la même manière. *Carpe diem*, disait Horace, « cueille le jour ». Sois conscient de ce que tu vis en ce moment précis, tout en ayant en mémoire l'amour de Dieu pour toi et l'abandon à sa miséricorde pour demain. Ton présent s'insère toujours dans une histoire (le passé) et une espérance (l'avenir). Pourquoi vouloir être ailleurs que dans ce présent lié au passé et à l'avenir ? Dans ses *Confessions*, Augustin a parlé de la durée qui est un jaillissement de trois temps dans le présent : le présent des choses passées, le présent des choses présentes et le présent des choses futures.

Par exemple, tu lis ce livre en ce moment. Tu es dans un lieu déterminé, à telle heure du jour, ou peut-être de la nuit, avec tes pensées et tes désirs. Il y a une grâce à être là. Ce livre devient un ami qui t'accompagne dans le temps : il peut te réconcilier avec le présent du passé et t'ouvrir au présent de l'avenir dans l'attente de ce qui vient, selon tes projets. En lisant, tu communies avec mes mots et tu laisses résonner l'écho qu'ils ont en toi. Tu peux aussi communier avec ceux et celles qui lisent en ce moment à travers le monde. Tu peux prier pour eux, tu communies alors avec ceux et celles qui prient un peu partout à cette minute précise. Tout dépend de ton intention. Tu peux même t'unir à une eucharistie qui est célébrée quelque part dans le monde, mémorial par excellence de la dernière Cène qui est l'actualisation aujourd'hui de la mort et de la résurrection du Christ. « Vous ferez cela en mémoire de moi. » Tu t'offres avec le Christ au Père. Je fais souvent cette communion spirituelle à la fin de mon temps de prière le matin :

> Seigneur Jésus, je crois que tu es présent au-dedans de moi et dans le monde. Je crois aussi que tu résides au très saint sacrement. Je t'aime et je t'adore. Je m'unis d'une façon particulière à l'eucharistie qui est célébrée quelque part dans le monde à cette seconde même. Je communie spirituellement à ton corps et à ton sang, en union avec toute l'Église qui continue ta mission dans le monde de ce temps.

Il y a donc une grâce à être là, ici et maintenant. Et chaque instant qui passe peut être l'occasion pour toi de t'abandonner en toute confiance à la miséricorde divine. Dieu t'aime au présent. Le passé ne te trouble plus, l'avenir ne t'inquiète pas non plus, ainsi tu ne désespères pas. Seul compte l'instant présent, qui est en quelque sorte le sacrement de la présence de Dieu. Il est là dans l'acte présent, maintenant et toujours. Ce qui faisait dire à Thérèse, quelques mois avant sa mort :

> Après tout, cela m'est égal de vivre ou de mourir. Je ne vois pas bien ce que j'aurai de plus après la mort que je n'aie déjà en cette vie. Je verrai le bon Dieu, c'est vrai, mais pour être avec Lui, j'y suis tout à fait sur la terre. (*Œuvres complètes*, Cerf/DDB, 1996, p. 998.)

À chaque jour suffit sa peine

C'est tout un défi de vivre l'instant présent. Selon son tempérament, son âge, son histoire, on est parfois pris entre les regrets du passé et les rêves d'avenir. Pourtant, le passé ne nous appartient plus et le futur demeure encore un inconnu, mieux, une espérance. Pourquoi ne pas user du temps qui reste en s'abandonnant à Dieu ? Cet abandon confiant à Dieu aidera à accepter les imprévus, à ne pas se laisser envahir par les soucis, à rester calme devant les contrariétés... Jésus nous y invite :

> Ne vous faites pas tant de souci pour demain, demain se souciera de lui-même ; à chaque jour suffit sa peine. (Matthieu 6, 34.)

Dans la prière que Jésus nous a donnée comme modèle, le *Notre-Père*, il invite à demander le pain qu'il nous faut pour aujourd'hui seulement : « Donnez-nous aujourd'hui notre pain de ce jour » (Matthieu 6, 11). L'Église insiste aussi sur l'instant présent dans la prière du *Je vous salue Marie* : « Sainte Marie, Mère de Dieu, prie pour nous, pécheurs, maintenant et à l'heure de la mort. »

Dans ces prières, nous demandons ce qui nous est nécessaire pour vivre aujourd'hui et la foi qu'il nous faut pour discerner la présence de Dieu cachée dans l'instant. Dieu parle dans l'instant par des personnes qu'il met sur notre route, par des événements et des rencontres, des signes et des clins d'œil de la vie. Mais nous passons souvent à côté sans les voir. Jean Cocteau disait que le hasard est la forme que Dieu prend pour passer incognito.

Dieu passe surtout dans l'instant où nous entendons sa Parole, quand nous la méditons dans notre cœur comme Marie. Il vient quand nous ne sommes qu'attente de lui dans la prière. Il nous donne alors son Esprit pour que nous revenions sans cesse à lui lorsque les distractions ne nous laissent pas de repos.

« Rappelle-toi », lit-on souvent dans la Bible. Demeurer en Dieu dans l'instant présent, c'est vivre l'heure de

Dieu et se rappeler son amour pour nous, les merveilles qu'il a accomplies depuis notre naissance, comme il l'a fait pour le peuple hébreu en le faisant sortir d'Égypte, comme il l'a fait pour Jésus en le ressuscitant d'entre les morts. Pourquoi s'inquiéter ? À chaque jour suffit sa peine. S'inquiéter, c'est oublier que Dieu veille sur nous.

Le trésor de l'instant présent

L'instant présent ne s'analyse pas vraiment ; il n'existe plus quand on veut le saisir. Il se situe dans la durée qui est ouverte sur l'éternité. Thérèse de Lisieux le définit ainsi dans la lettre 87 à sa sœur Céline : « C'est un instant entre deux éternités. »

Thérèse parle aussi de l'instant comme d'un trésor, car il nous permet de rencontrer Dieu, d'être en sa présence et de faire sa volonté. Celle qui a beaucoup souffert a compris qu'elle pouvait tout supporter dans l'instant, sachant qu'on se décourage en pensant au passé et à l'avenir. Elle écrit à Céline, avec une ponctuation bien à elle qui trahit son désir infini d'aimer :

> Profitons de notre unique moment de souffrance !... ne voyons que chaque instant !... un instant c'est un trésor... Un seul acte d'amour nous fera mieux connaître Jésus... il nous rapprochera de Lui pendant toute l'éternité ! (*Œuvres complètes, op. cit.*, p. 390.)

Nous n'avons que cette vie pour donner à l'instant sa part d'éternité. Aussi, Thérèse voulait-elle « amasser des trésors pour le ciel à chaque instant ». Comment ? En aimant Jésus à chaque instant et en voulant prier sans cesse. L'instant présent devient le fondement de notre union au Christ.

Je comprends et je sais par expérience « que le royaume de Dieu est au-dedans de nous ». Jésus n'a point besoin de livres ni de docteurs pour instruire les âmes, Lui le Docteur des docteurs, il enseigne sans bruit de paroles... Jamais je ne l'ai entendu parler, mais je sens qu'Il est en moi, à chaque instant, Il me guide, m'inspire ce que je dois dire ou faire. Je découvre juste au moment où j'en ai besoin des lumières que je n'avais pas encore vues, ce n'est pas le plus souvent pendant mes oraisons qu'elles sont les plus abondantes, c'est plutôt au milieu des occupations de ma journée. (Thérèse de Lisieux, Histoire d'une âme, Presses de la Renaissance, 2005, p. 250-251.)

Se reposer en paix

Dieu naît à chaque instant. Il est là, pour toi, aujourd'hui. Dans la prière, je crois que demain il me soutiendra comme il le fait aujourd'hui. Je suis invité à lui remettre ma vie chaque jour, à me reposer en paix sur lui seul, comme le rappelle ce chant de Taizé :

Mon âme se repose en paix sur Dieu seul, de lui vient mon salut.
Oui, sur Dieu seul mon âme se repose, se repose en paix.

Il n'y a pas de temps perdu que l'amour de Dieu ne féconde, même le repos de la nuit. « Dieu comble son bien-aimé quand il dort » (Psaume 126, 2). Il refait ses forces, le comble à son insu, le guérit parfois des blessures de la journée.

Le bon grain et l'ivraie continuent à pousser durant la nuit. Ainsi, Dieu te fait grandir pendant que tu dors. Il tient ton être dans sa main, le place près de son cœur, sans jamais forcer ta liberté. Le crois-tu ? T'endormir dans cette foi confiante en sa présence, c'est lui confier ta nuit. Tu pries alors dans ton sommeil et tu fais de celui-ci une offrande, insomnie ou pas. « Je dors, mais mon cœur veille » (Cantique des Cantiques 5, 2).

La Bible atteste à plusieurs endroits que Dieu intervient durant le sommeil, lieu des songes. Nos facultés étant assoupies, nous sommes parfois plus réceptifs à son action gratuite. Il agit sans que l'on s'en aperçoive, comme pour Adam, sur qui, pour créer Ève, il « fit tomber [...] un sommeil mystérieux » (Genèse 2, 21). Pudeur divine, respect du bien-aimé qui dort.

Laisser faire Dieu

Laisser faire Dieu, de jour comme de nuit, voilà le secret de la sainteté. « Si le Seigneur ne bâtit la maison, les bâtisseurs travaillent en vain » (Psaume 126, 1). Il en est ainsi de la prière intérieure, qui ressemble au sommeil, cette petite mort. Il suffit d'être là, en silence, et de s'abandonner à Jésus : « Demeurez en moi, comme moi en vous. En dehors de moi, vous ne pouvez rien faire » (Jean 15, 4-5).

Comme le chirurgien endort son patient pour l'opérer, le Seigneur travaille mieux lorsque, recueilli intérieurement, tu pries, même s'il t'arrive de somnoler. Pourquoi s'en désoler, écrivait la petite Thérèse :

Je devrais me désoler de dormir (depuis 7 ans) pendant mes oraisons et mes *actions* de *grâces*, eh bien, je ne me désole pas... je pense que les *petits enfants* plaisent autant à leurs parents lorsqu'ils dorment que lorsqu'ils sont éveillés [...] Enfin je pense que : « Le Seigneur voit notre fragilité, qu'il se souvient que nous ne sommes que poussière. » (*Histoire d'une âme*, Presses de la Renaissance, 2005, p. 234.)

Et quand le soir tombe sur notre corps épuisé par la fatigue, nous pouvons redire la prière des pèlerins : « Reste avec nous. » L'Inconnu d'Emmaüs partage alors sa paix, présence invisible dans le calme de la nuit où tout peut renaître.

EXERCICE PRATIQUE

Vivre l'instant présent, c'est vouloir accomplir la volonté de Dieu en toutes choses. Comment ? Je suggère sept attitudes intérieures à intégrer chaque jour :

— être disponible à la grâce divine en aimant et en se laissant aimer ;

— accepter d'être humble en se pardonnant à soi-même ;

— remplir avec amour la tâche que j'aie à accomplir aujourd'hui ;

— être fidèle aux petites choses du quotidien ;

— être libre de toute attache ou peur qui paralyse ;

— être pauvre de cœur en attendant tout de Dieu ;

— vivre l'amour dans la plénitude de l'instant, rien que pour aujourd'hui.

Prière

Ma vie n'est qu'un instant, une heure passagère
Ma vie n'est qu'un seul jour qui m'échappe et qui fuit
Tu le sais, ô mon Dieu ! pour t'aimer sur la terre
Je n'ai rien qu'aujourd'hui !

Oh ! je t'aime, Jésus ! vers toi mon âme aspire
Pour un jour seulement reste mon doux appui.
Viens régner dans mon cœur, donne-moi ton sourire
Rien que pour aujourd'hui !

Que m'importe, Seigneur, si l'avenir est sombre ?
Te prier pour demain, oh ! non, je ne le puis !
Conserve mon cœur pur, couvre-moi de ton ombre
Rien que pour aujourd'hui.

Si je songe à demain, je crains mon inconstance
Je sens naître en mon cœur la tristesse et l'ennui.
Mais je veux bien, mon Dieu, l'épreuve, la souffrance
Rien que pour aujourd'hui.

Je dois te voir bientôt sur la rive éternelle
Ô Pilote divin ! dont la main me conduit.
Sur les flots orageux guide en paix ma nacelle
Rien que pour aujourd'hui...

Je volerai bientôt, pour dire tes louanges
Quand le jour sans couchant sur mon âme aura lui
Alors je chanterai sur la lyre des Anges
L'Éternel Aujourd'hui !

(Thérèse de Lisieux, *Œuvres complètes*,
op. cit., p. 645-646.)

CHAPITRE 4

Prier en vacances :
huit pistes possibles

Persévérer dans la prière personnelle est tout un défi. Est-ce réalisable de prier seul, en couple et en famille durant les vacances ? Bien sûr. Cela exige un peu de volonté, quelques minutes, un zeste de foi et d'amour. Certes, il y a les balades, les sorties, les jeux, plein d'activités et de choses à faire, mais ce qui compte, c'est la volonté de prier.

Pour la prière en famille, ce temps gratuit pour Dieu doit rester simple : une bénédiction ou un chant avant le repas, un *Notre-Père* récité ensemble, un partage lors d'une fête, une brève louange à Dieu avant le coucher...

Cet équilibre de la prière personnelle et familiale, qui ne tient qu'à un fil durant l'année, est encore plus fragile durant les vacances d'été. L'extérieur nous appelle, nous perdons nos repères, nos horaires. On dirait que la prière elle-même plie bagage. Nous sommes déstabilisés par tant de plaisirs, de distractions, et parfois de déceptions.

Loin des habitudes du cocon familial et paroissial, il faut nous adapter à une spiritualité du grand air où règnent l'inconnu et l'imprévu. Mais la vie de foi et de prière n'est-elle pas cela aussi : ouverture à l'inconnu, rupture avec le train-train quotidien, attente de ce qui n'est pas encore, disponibilité à ce qui advient, abandon à l'inattendu de l'Esprit qui souffle où il veut dans l'instant présent ?

La période estivale peut donc être un temps privilégié pour approfondir notre vie de prière, notre relation avec le Seigneur. Au-delà des difficultés et tentations diverses. N'est-il pas un membre de la famille ? Notre histoire l'intéresse, car il veut ce qu'il y a de meilleur pour nous et nos enfants.

Voici huit pistes possibles pour aider à prier durant les vacances d'été. Mais tous ne partent pas en vacances, soit qu'ils poursuivent le travail, comme les agriculteurs, soit qu'ils subissent toute sorte de contraintes, comme la maladie ou le manque d'argent. Mais je pense que ces pistes peuvent nous aider tous à accueillir la présence de Dieu dans l'instant présent. À vous d'en ajouter d'autres, pour que « vos cœurs s'établissent fermement là où se trouvent les vraies joies » (prière d'ouverture d'une messe d'été).

1. Désirer prier

Plusieurs passent du désir de la prière à l'acte de prier en menant une vie de prière régulière. Ils comprennent qu'on apprend à prier en priant et que le meilleur moyen d'avoir du temps pour prier, c'est de prier quotidiennement. « Dieu donne la prière à celui qui prie », disait saint Jean Climaque.

La question à se poser est celle-ci : la prière est-elle importante dans ma vie ? Sinon, comment voulez-vous qu'elle le soit durant les vacances ? Si je ne prie pas durant l'année, il est fort probable qu'il en sera ainsi durant l'été. Et si je ne donne pas à la prière personnelle un espace quotidien, comment vais-je trouver la foi et l'audace pour prier en famille ?

La prière est personnelle avant d'être communautaire. Elle ne marche pas à côté de notre vie. Elle nous suit là où nous sommes, mieux que notre téléphone mobile, dans le sanctuaire de notre cœur. Avec elle, on peut être en vacances toute l'année. Il s'agit de prier comme on est, avec notre corps et nos désirs, en silence ou avec des mots, sur la plage ou à la montagne, en parlant simplement à Dieu comme si nous parlions à un ami.

Par exemple :

« Me voici Seigneur, je désire te prier et prendre du temps pour toi. Je n'ai que ce désir devant toi. Je veux te prier simplement durant mes vacances, prier aussi en couple et en famille. Apprends-moi à prier, à te rencontrer cœur à cœur. Je ne te vois pas, mais je sais que tu es là. Augmente ma foi. Fais ce que tu veux de ces quelques minutes passées en ta présence. Je te les donne parce que tu es mon Dieu et que je t'aime. »

Désirer prier en couple

Prier en couple est souvent une gageure, car chacun a son propre cheminement de foi et sa sensibilité religieuse. La prière est quelque chose de si intime qu'il est normal d'avoir une certaine pudeur à l'exprimer devant l'autre. Les obstacles sont nombreux : mon mari ne croit pas, nous n'avons jamais prié ensemble à la maison et en vacances, aller parfois à l'église nous suffit, nous ne savons pas quoi dire dans la prière, c'est plus facile avec les enfants...

Pourtant, un couple qui prie ensemble est un pilier pour toute la famille. Il s'agit de le vouloir. Pourquoi ne pas commencer durant les vacances ? N'est-ce pas un temps propice pour s'asseoir ensemble, se retrouver, se recueillir, se reposer dans le Seigneur ?

Priez comme vous vivez, avec les joies et les tristesses du moment. Remettez tout entre les mains de Dieu : vos désirs, vos besoins, vos soifs, vos enfants, vos vacances. Priez-le pour qu'il vous donne sa paix et son Esprit, qu'il vous apprenne à aimer et pardonner, qu'il vous inspire à voir en votre époux ou épouse l'image du Christ. Et si votre compagnon ou compagne d'éternité ne prie pas avec vous, rien ne vous empêche de prier pour lui ou pour elle.

Cette prière conjugale est un fruit du sacrement de mariage qui nous fait époux avant d'être parents. Nous sommes unis dans l'alliance au Christ qui prend sa joie en nous et dans notre petite cellule d'Église :

> Si deux ou trois sont rassemblés en mon nom, je suis là au milieu d'eux. (Matthieu 18, 20.)

3. Désirer prier en famille

Pourquoi prier en famille ? Peut-être pour les mêmes raisons que celles qui nous font prier seul ou en couple. En voici quelques-unes, que je développe dans mon livre *Prier : pourquoi et comment* : parce que Dieu est Dieu, pour le laisser exister en nous, pour entrer dans son désir de salut, pour répondre à son appel, pour vivre le mystère de la foi, pour suivre Jésus, pour recevoir l'Esprit-Saint... Il y a autant de réponses qu'il y a de familles qui prient.

La prière en famille est une conséquence naturelle de la prière personnelle et conjugale. Si nous prions à la maison, nous prierons durant les vacances, mais à un autre rythme.

Il reste que pour beaucoup, prier en famille demeure un idéal difficile à atteindre. Ce peut être un moment de grâce ou de tiraillements, tout dépend des besoins et des attentes des parents et des enfants. À chaque couple et chaque famille de trouver la prière qui lui convient. Le désir de prier en famille est déjà un début.

Prier en famille durant les vacances n'est pas plus facile qu'à la maison. Il n'y a pas un manuel de l'utilisateur qui nous donnerait le savoir-faire nécessaire pour un succès garanti. Mais alors que nos journées sont souvent surchargées durant l'année et que nous avons du mal à nous retrouver, le temps des vacances peut être un temps passé en famille où l'on décompresse un peu en oubliant le stress quotidien, un moment de repos où l'on se laisse aimer par le Christ, qui nous invite à nous décharger de nos soucis.

> Venez à moi, vous tous qui peinez sous le poids du fardeau, et moi, je vous procurerai le repos. (Matthieu 11, 28.)

C'est la manière de Jésus de nous souhaiter bonnes vacances : « Venez à l'écart dans un endroit désert, et reposez-vous un peu. » (Marc 6, 30.) Saint Augustin l'exprime à sa manière : « Tu nous as faits pour toi, Seigneur, et notre cœur n'est en paix que lorsqu'il repose en toi. »

4. Se reposer en Dieu

Nous l'avons déjà dit, la prière est un choix libre, une décision de la volonté. Nous sommes là pour Dieu, même si nous ne savons pas prier. Mais qui le sait vraiment ? La prière durant les vacances d'été est surtout louange et repos. Louange sur les chemins de randonnée et sur les plages ensoleillées ; louange parmi les arbres des forêts et les musées des villes ; louange à vélo, en auto, en canot ; louange près des feux de camp et dans la brise tiède du soir ; louange d'une prière de silence, dans laquelle Jésus nous refait de l'intérieur en donnant son repos qui est paix et joie.

Ce repos que Jésus promet vient surtout de l'écoute de sa Parole et du partage de son Corps. Ces deux tables sont au centre de toute célébration eucharistique. À vous de trouver le lieu où participer à la messe. Cela peut être un monastère, un lieu de pèlerinage, une communauté nouvelle... Cela vous changera de votre paroisse. Et vous verrez que l'Église est bonne, elle qui nourrit ses enfants en tout temps, où qu'ils se trouvent. La sagesse divine avait déjà lancé l'invitation :

> Venez manger mon pain, et boire le vin que j'ai apprêté !
> (Proverbes 9, 5.)

Telle est la table que dresse le Seigneur durant les vacances pour nous ressourcer. Tel est le festin qui nous est préparé pour que nous trouvions, seul, en couple ou en famille, le repos en Jésus. Le septième jour de la création a été fait pour cela : se reposer dans l'amour de Dieu au lieu de courir à droite et à gauche.

5. Prier avec la nature

Il y a autant de chemins qui mènent à Dieu qu'il y a d'êtres humains ; autant de prières et de rencontres de Dieu qui sont propres à chacun. La nature est l'un de ces chemins. Elle s'étale sous nos yeux comme une écriture à déchiffrer. Jean-Paul II, grand ami de la nature, avait évoqué ce livre de la création en commentant le psaume 18 :

> La création constitue comme une première révélation qui a un langage éloquent : elle est comme un livre sacré dont les lettres sont représentées par la multitude des créatures présentes dans l'Univers. (30 janvier 2002.)

La nature peut devenir notre coin de prière. Dieu nous la donne pour nous refaire, nous reposer, nous guérir. Elle nous stimule à revenir à notre cœur et nous apprend à y séjourner comme dans une maison amie. Dieu y a laissé les traces de sa beauté pour nous attirer en lui.

« Pour celui qui prie sans cesse, le monde entier devient église », disait le moine orthodoxe Silouane. Je vous suggère cet exercice de présence dans la nature où vous priez avec tous vos sens.

D'abord, marchez lentement et regardez. Dieu éclate tellement dans toute sa création, note Péguy, que pour ne pas le voir et le louer, il faut être bien aveugle. Il resplendit dans les fleurs et les oiseaux, les astres et les eaux, les arbres et les montagnes. Il se déploie dans l'infiniment grand et l'infiniment petit, surabonde en formes, en couleurs et en rythmes.

Ensuite, asseyez-vous sur un tronc d'arbre, une chaise... Vous êtes seul avec la nature qui vous entoure : la végétation, les animaux, le ciel... Respirez les différents parfums. Écoutez. Fermez les yeux. Discernez les sons :

> Le vent qui siffle, le chant mélodieux des oiseaux, le bruit cadencé d'une eau, la course invisible d'animaux... (Sagesse 17, 18-19.)

Concentrez-vous sur un son. Priez avec ce son. Descendez avec lui dans le lieu secret du cœur. Répétez intérieurement un mot que vous aimez et qui vous aide à vous recueillir au fond de votre cœur. Ce mot peut être : Jésus, amour, Abba, Maranatha... Ou une formule : Je t'aime, viens Seigneur, libère-moi, loué sois-tu pour ta nature... Les distractions sont au rendez-vous, c'est normal, priez avec elles. Concentrez-vous de nouveau sur un son de la nature. Respirez doucement. Un vide s'installe progressivement pour laisser place au silence de l'oraison. Vous vous laissez aimer par ce Dieu présent dans la nature et dans votre cœur. Vous pouvez lui parler et le louer.

En priant ainsi dans la nature, en prenant un bain de silence, vous rencontrez Dieu dans sa double demeure : la nature et vous-même. Vous êtes son enfant bien-aimé, il vous regarde et veut que vous vous émerveilliez de ce que vous êtes et de ses œuvres :

> Je te rends grâce pour tant de prodiges : / Merveille que je suis, merveille que tes œuvres. (Psaume 138, 14.)

6. *Prier avec le* Cantique de frère Soleil

Pourquoi ne pas prier à partir d'un texte d'un saint que vous aimez ? Par exemple, j'ai remarqué que les enfants sont très sensibles à la beauté du *Cantique de frère Soleil*, de saint François d'Assise, où les éléments de la nature sont appelés nos frères et nos sœurs. Les couples et les familles peuvent le reprendre ensemble, et ajouter des versets qui expriment l'action de grâce de ce qu'ils ont vécu du lever au coucher du soleil. Ce cantique est une école de prière à lui tout seul. Nous pouvons le dire chaque jour des vacances, unissant notre voix à celle de François et surtout de Jésus, le chantre de la nature de son Père. Voici les premiers versets de cette joyeuse prière traduite par le franciscain Damien Vorreux :

> Loué sois-tu Seigneur, dans toutes tes créatures, spéciale-ment messire frère Soleil, par qui tu nous donnes le jour, la lumière ; il est beau, rayonnant d'une grande splendeur, et de toi, le Très-Haut, il nous offre le symbole...
> Loué sois-tu, mon Seigneur, pour sœur Lune et les étoi-les : dans le ciel tu les as formées, claires, précieuses et belles.
> Loué sois-tu, mon Seigneur, pour frère Vent, et pour l'air et pour les nuages, pour l'azur calme et tous les temps, par lesquels tu donnes soutien à toute créature.

Loué sois-tu, mon Seigneur, pour sœur Eau, qui est très utile et très humble, précieuse et chaste.

Loué sois-tu, mon Seigneur, pour frère Feu par qui tu éclaires la nuit : il est beau et joyeux, indomptable et fort.

Loué sois-tu, mon Seigneur, pour sœur notre mère la Terre qui nous porte et nous nourrit, qui produit la diversité des fruits, avec les fleurs diaprées et les herbes.

Loué sois-tu, mon Seigneur, pour ceux qui pardonnent par amour pour toi ; qui supportent épreuves et maladies : heureux s'ils conservent la paix, car par toi, Très-Haut, ils seront couronnés...

À vous et vos enfants d'ajouter des raisons personnelles de louer le Seigneur aujourd'hui.

7. Vivre une retraite pour les familles

Les vacances ne doivent pas devenir une contrainte où l'on se sent obligé d'aller au bout du monde pour être bien. Il peut y avoir un vrai plaisir à rester chez soi, à cultiver son jardin, à organiser de courtes sorties avec les enfants, sans exploser son budget. Il n'est pas donné à tout le monde de prendre des vacances à l'extérieur. L'important est de changer de vitesse et de rythme durant l'été, tout en laissant des plages de prière au Seigneur.

Mais si vous le pouvez, pourquoi ne pas vivre une retraite chrétienne en famille ? Il s'en donne de plus en plus par des communautés diverses. Vous serez surpris des opportunités qui s'offrent à vous : pèlerinages pour les jeunes, marches au désert, festival de familles, séjours en montagne, retraites spirituelles, sessions, camps bibliques.

Il m'arrive d'animer avec mon épouse de telles retraites. Quelle grâce pour les familles que ces temps de ressourcement vécus dans la joie ! Les adultes font une expérience de Dieu dans la prière, la liturgie, les enseignements, les rencontres avec d'autres parents. Les enfants ont leurs propres activités, selon leurs âges : sketches, danses, chorale, bricolage, sports, initiation à la prière... Ils reçoivent une éducation religieuse sous forme d'un parcours de foi qui les marquera souvent pour la vie. Ces retraites pour les familles répondent vraiment à un besoin dans l'Église.

Il y a aussi les monastères, les sanctuaires, les lieux de pèlerinage à visiter. En priant ensemble dans ces lieux, les membres de la famille se rendent présents au Christ. Dès que l'enfant vous voit et vous entend prier, il peut pressentir que quelqu'un de bienfaisant est là. Il découvre que Dieu est amour par la tendresse d'une prière apprise comme le *Notre-Père* et le *Je vous salue Marie*.

> Oui, il est bon, il est doux pour des frères / de vivre ensemble et d'être unis ! » (Psaume 132, 1.)

8. Simplicité et spontanéité

« Gardez ce qui est simple et simplifiez ce qui est compliqué », disait souvent Jean XXIII. Ce sage conseil du bon pape devrait être le leitmotiv de toute vie spirituelle, conjugale et familiale.

Dieu est simple, et plus nous l'aimons, plus notre vie de prière se simplifie. Il se révèle dans l'ordinaire de nos vies et de nos vacances, dans ces petits gestes d'amour que nous faisons parfois machinalement et qui tissent le quotidien de nos familles. La prière en famille se nourrit de ces petits faits de la vie de tous les jours, de ces « bonjour », « merci » et « pardon » échangés entre parents et enfants.

En vacances, la prière peut s'insérer doucement, sans rigidité ni programme déterminé d'avance. Ce n'est pas le temps de se tricoter un horaire serré. Les petits événements du jour suffisent. Ils peuvent devenir autant de rendez-vous de Dieu : sortie à la plage ou au camping, visite d'un musée, partage d'un repas avec un parent ou un ami, arrêt dans une église, promenade lors d'un festival, pratique d'un sport, journal de vacances dans lequel les enfants écrivent et dessinent, temps de prière devant l'icône que vous avez apportée avec vous...

Il s'agit donc de se rendre attentif et disponible aux petits événements du quotidien, aux moments de la journée qui sont propices à tourner son regard intérieur vers Dieu, à s'ouvrir à l'action transformante de l'Esprit. Ces instants propices ne correspondent pas forcément à des moments d'inactivité ou d'arrêt complet. Ils se présentent parfois pendant une activité calme (comme faire la vaisselle) qui nous occupe les mains tout en laissant le champ libre à l'intériorité.

Prier sans horaire durant les vacances peut conduire à des moments de partage en famille. Par exemple, on demande à chaque enfant de trouver durant la journée un objet qui le représente : une fleur, une branche, un caillou... Le soir, chacun confie aux membres de la famille pourquoi il a choisi son objet. Chacun peut aussi nommer une qualité d'un autre membre de la famille. Le tout se termine par un court temps de prière qui est un simple élan du cœur vers Dieu. La prière prend la couleur de l'instant qui passe. Elle est joyeuse action de grâce et demande confiante, à l'exemple des Psaumes.

« Merci Seigneur pour la beauté de ta Création. Nous te louons pour la joie que tu nous donnes d'être ensemble. Je te demande pardon pour mes manques d'amour aujourd'hui, pour mes impatiences. Je me fie à toi, tu es mon refuge et mon rocher. Que ta Parole soit la lumière de mes pas. »

EXERCICE PRATIQUE

Une famille qui prie est une famille qui se donne un atout pour le bonheur. Je sais par expérience que prier en famille, que nous soyons en vacances ou non, ne va pas de soi. Mais c'est possible si nous vivons ce temps de prière dans la simplicité et la patience. Voici un petit mode d'emploi.

Se fixer un temps précis. Allumer une bougie devant une croix ou une icône. Commencer par un chant. Se recueillir quelques secondes pour descendre dans notre cœur. Lire un psaume ou un court texte (la prière liturgique est une voie royale pour entrer dans la prière). Formuler spontanément une prière. Penser à ceux que nous aimons, et si c'est le soir, prier pour les personnes que nous avons rencontrées. Terminer par un *Notre-Père* en nous tenant la main. Le secret est de faire court, et de rester patient si un enfant nous énerve.

Ce temps de prière peut sembler naturel avec les petits, mais c'est une autre histoire avec les plus grands. Ne nous alarmons pas s'ils refusent. S'ils ne prient pas avec nous, cela ne veut pas dire qu'ils ne prient pas du tout. Respect de leur pudeur ! Ce que nous pouvons faire : prier pour eux. Et leur demander, à l'occasion, s'ils veulent prier avec nous. Il n'y a rien de plus puissant que la prière des parents pour leurs enfants, si ce n'est la prière des enfants pour leurs parents. C'est aussi un peu cela le mystère de la communion des saints, cette grande famille des baptisés qui nous accompagne partout, que nous soyons en vacances ou non.

Prière

Merci Seigneur pour la famille que tu nous donnes,
elle n'est pas parfaite, mais c'est la nôtre,
elle n'est pas idéale, mais c'est la tienne aussi.
Nous t'accueillons dans la trame de nos relations
que nous tissons au fil des saisons.

Nous voulons t'aimer autant que tu nous aimes,
même si nous nous sentons un peu déstabilisés
lorsque les vacances d'été arrivent.
Nous prenons notre joie en toi,
au secret de nos enfants
qui perpétuent ton alliance avec le monde.
Nous nous laissons prendre par ton souffle
pour la grande traversée de la vie,
beau temps, mauvais temps.

Apprends-nous à te prier au jour le jour,
Dieu-Famille, Dieu-Trinité, Dieu-Présence,
nous sommes tes enfants et tu as besoin de nous,
Père aimant, Fils sauveur, Esprit sanctificateur,
l'unique Dieu qui demeure au-delà des vacances.

CHAPITRE 5

Les âges de la vie

D ans plusieurs pays, le temps est ponctué par quatre saisons bien distinctes : printemps, été, automne, hiver. Notre vie est aussi jalonnée de saisons ou de périodes : enfance, adolescence, âge adulte, vieillesse. Toute notre existence a pour toile de fond ce temps qui nous est donné pour tisser des liens avec les êtres et les choses. La prière se greffe sur ce temps. À l'aube de notre vie, elle se communique par nos parents, s'ils sont croyants. Puis la prière grandit avec nous. Elle reprend notre désir profond qui s'exprime dans le temps, elle expose ce désir à Dieu, au fil de nos anniversaires.

La prière est l'expression de notre désir. Elle est comme la petite veilleuse qui sécurise tellement les enfants lorsqu'ils vont au lit. Elle est cette étincelle en nous qui éclaire dans la nuit. La prière est plus ou moins inachevée comme notre vie elle-même, appelée à s'accomplir pleinement dans la résurrection du Christ.

Le temps des semences

Le petit enfant fait assez tôt l'expérience du temps et du désir quand sa mère ne répond pas à son cri. Elle apparaît, puis disparaît. Il se met à la désirer en tant que personne qui est tout pour lui, mais il se rend vite compte que sa mère n'est pas lui, comme les objets qui l'entourent. Un manque est alors éprouvé et qui ne sera jamais comblé : c'est le désir, semé en lui comme une graine. Lorsque l'enfant parlera, il vivra la différence. Il passera par la demande pour accéder à son désir, s'ouvrant ainsi à la culture, à la réciprocité, à l'échange symbolique, à la prière. Plus tard, la prière pourra lui redonner l'espérance d'être entendu par quelqu'un qui est vraiment le Tout, ce Dieu présent, non dans la fusion, mais dans une relation de communion et de présence.

L'enfant ne tardera pas à s'apercevoir que sa mère n'est ni Dieu ni ce paradis tout fait qu'elle offrait d'abord, dans la béatitude passive et diffuse de l'union fusionnelle entre elle et lui. Mais, comme l'ont montré W. Penfield et A. Tomatis, l'enfant ne perdra pas le souvenir, même intra-utérin, de cette expérience extraordinaire qui a mis au cœur même de sa personne le goût mystérieux de la relation avec quelqu'un qui est tout. D'où, au fur et à mesure que le quotidien fait toucher les limites de tous et chacun, parents y compris, la montée de l'espoir fondamental et récurrent qu'éprouve chaque psychisme humain de retrouver quelqu'un qui soit Tout, non plus dans une relation fusion-

> nelle, mais dans l'autonomie d'une relation de présence et d'union. (Yvon Saint-Arnaud, *La Relation d'aide pastorale*, Novalis, 2005, p. 9.)

La prière fait ses premiers pas avec l'enfant sans qu'il le sache. Elle se fait intuitive, pleine de poésie, dès que l'enfant balbutie des formules que ses parents, s'ils sont croyants, lui ont apprises. Le langage de la prière s'apprend au début par imitation et répétition, un peu comme la langue maternelle. S'il a entendu ses parents réciter souvent des prières comme le *Notre-Père* et le *Je vous salue Marie*, elles s'imprégneront dans son cœur et l'accompagneront pour toujours. Ces prières peuvent être dites et chantées tout naturellement durant l'allaitement ou lorsque le bébé s'endort, de même que lors des promenades en poussette ou en auto.

Le temps de la croissance

À l'adolescence, c'est la recherche d'un sens à l'existence, le feu qui veut tout envahir. L'adolescent cherche à se définir, parfois en se confrontant à son milieu. Il désire la totalité de l'expérience, l'amour. C'est dans la mesure où il apprend à aimer, c'est-à-dire à échanger et à se donner, qu'il se constitue comme personne. L'adolescent se trouve lorsqu'il a l'occasion de se donner à un plus vaste que lui, comme Dieu. Le temps qu'il perd à chercher ce plus grand que soi n'est jamais du temps perdu.

La prière devient moins fréquente à l'adolescence mais plus ardente, surtout au contact avec la nature ou lors des moments forts de rassemblements, comme les Journées mondiales de la jeunesse. La dimension communautaire prend beaucoup d'importance. Les croyances et les valeurs sont ressenties fortement. Ceux qui ne partagent pas cette foi sont souvent vus comme des personnes à convertir.

En quittant ses parents et en incarnant un rêve de vie, l'adolescent passe dans le monde adulte. À la trentaine, il commence à mesurer l'écart entre son rêve et la réalité. Souvent, l'adulte délaisse la prière, mais le désir de prier n'est pas éteint pour autant. Il aura à se réapproprier sa foi en s'ouvrant à son désir profond et en vivant en communion avec les autres. Il en faut du temps pour apprivoiser les autres, pour créer des liens signifiants, pour comprendre les meurtrissures du cœur.

Le temps de la maturité

Entre trente-cinq et quarante-cinq ans, l'adulte s'affirme en voulant devenir davantage lui-même. Il suit son désir profond, celui qu'il avait entrevu à l'adolescence. Il construit un projet de vie plus authentique qui l'amène à la maturité de son désir, au-delà des besoins. Il est invité à renouer avec son intériorité, à devenir ce qu'il est, différent et unique. Paul Ricœur voit cela comme une « seconde naïveté » où l'on réintègre ce qui a déjà été reçu naïvement. À travers cette expérience de la finitude humaine, cette « crise du désir » ou crise de la quarantaine, la prière devient plus intérieure et, en même temps, plus aride et plus pauvre. C'est le temps de revoir ses priorités, d'oser l'avenir et de risquer la fidélité.

Bienheureuse crise de la quarantaine qui nous apprend l'abandon comme Jésus l'a vécu sur la croix : « Père, entre tes mains je remets mon esprit » (Luc 23, 46). Bienheureuse crise qui renouvelle la relation à un Dieu qui n'est pas une cause à défendre, un besoin à combler, un rêve à réaliser, mais un Père à aimer, un Fils à écouter, un Esprit à partager !

> Si quelqu'un m'aime, il restera fidèle à ma parole ; mon Père l'aimera, nous viendrons chez lui, nous irons demeurer auprès de lui. (Jean 14, 23.)

Le temps des récoltes

Il y a un temps pour tout, dit Qohélet, appelé aussi l'Ecclésiaste : « Un temps pour enfanter et un temps pour mourir » (Qo 3, 1-2). La prière nous fait comprendre que tous les temps sont dans la main de Dieu, même la vieillesse, qui est le temps des récoltes et des fidélités. Toute notre vie est enracinée dans le temps. Même si l'espérance de vie augmente dans nos pays industrialisés, pour le chrétien son espérance se trouve dans la résurrection du Christ. C'est cette espérance qui fera de la vieillesse un temps de repos en Dieu.

Le temps de la vieillesse est le temps de s'aimer soi-même en Dieu. L'eau a coulé sous les ponts, on revient à ceux qu'on aime : conjoint, enfants, amis. Il suffit d'être. Nous n'avons plus à nous tailler une place au soleil, l'heure est venue de se consacrer à l'essentiel, de vivre une grande retraite en Dieu. Il n'est pas question de se replier sur soi-même, mais de s'ouvrir aux autres et de les porter dans notre prière de pauvre, les mains vides.

Le ralentissement des activités peut favoriser une plus grande disponibilité à la prière. Mais il n'y a rien de magique ; on vieillit souvent comme on a vécu. Si nous n'avons pas pris l'habitude de prier, ce n'est pas parce qu'on a plus de temps qu'on va prier maintenant. La foi et la prière ne sont pas plus faciles durant le grand âge, d'autant que les forces déclinent. Mieux vaut donc prier maintenant, à l'âge qui est le nôtre, pour pouvoir continuer plus tard.

> Notre prière elle-même vieillit : somnolence, difficulté à se concentrer... Mais l'Esprit, lui, ne vieillit pas et continue à prier en nous avec des gémissements ineffables. Acceptons de recevoir de lui une prière simple, réduite à quelques mots qui ne peuvent que rappeler l'essentiel, comme ces personnes âgées qui racontent toujours les mêmes histoires, mais qui, à travers elles, disent quelque chose d'elles-mêmes. (Michel Rondet, *Écouter les mots de Dieu*, Bayard, 2001, p. 230.)

À la vieillesse, le temps est venu de rendre grâce, d'attendre le Seigneur comme un veilleur attend l'aurore. On se prépare à mourir, à vivre sa Pâque, parfois à travers les longues épreuves du vieillissement et de la maladie. Des poètes ont chanté la mort comme une amie attendue. Pour Félix Leclerc, la mort est grande et belle, « il y a plein de vie dedans ». Pour Léo Ferré, la mort est délivrance, elle est « sœur de l'amour » :

> La mort est délivrance, elle sait que le temps
> Quotidiennement nous vole quelque chose,
> La poignée de cheveux et l'ivoire des dents [...]
> La mort c'est l'infini dans son éternité,
> Mais qu'advient-il de ceux qui vont à sa rencontre ?
> Comme on gagne sa vie, nous faut-il mériter la mort ?
> (*Ne chantez pas la mort*)

Comment parler de la mort sans se référer à la victoire du Christ sur celle-ci ? L'Église nous y invite dans la prière d'ouverture d'une messe pour demander la grâce d'une bonne mort :

Dieu qui nous as créés à ton image, tu veux que nous soyons des vivants ; et pour que la mort ne nous détruise pas, ton Fils est venu la vaincre en mourant. Accorde-nous la grâce de veiller avec lui dans la prière, pour qu'à l'heure de quitter ce monde, nous soyons en paix avec toi et avec tous, et que nous retrouvions la vie au plus profond de ta miséricorde.

EXERCICE PRATIQUE

L'âge adulte est fait de saisons, de stades, qui surviennent surtout autour des décennies (trentaine, quarantaine, cinquantaine, soixantaine). Pourquoi ne pas en souligner l'importance par un rituel qui varie, mais qui peut culminer à l'anniversaire de naissance ? Nous avons peut-être entendu, après avoir soufflé les bougies de notre gâteau : « Ferme les yeux, fais un vœu » ? Quel beau moment pour formuler une prière, et, si possible, pour la partager avec ceux et celles que nous avons invités à notre fête ! Il me semble important que durant ce temps de passage, comme la quarantaine, la personne trouve un mode d'expression qui lui permette de dire son désir. Cela peut prendre plusieurs formes : confidences à un ami, lettres, journal intime, prières, poésie, peinture, danse, théâtre, musique, artisanat. L'art est thérapeutique.

Prière
(À mon beau-père)

Il a passé parmi nous en faisant le bien,
puisant à la source sacrée de ton cœur divin
l'eau vive de ta Parole et la douceur de ton Pain.
Merci Seigneur de lui avoir révélé ta miséricorde.

Elle était belle sa joie de te prier chaque matin,
émouvante sa hâte de te rencontrer à l'eucharistie,
main dans la main avec son épouse en chemin.
Merci d'avoir fait d'eux des compagnons d'éternité.

Mendiant de Dieu, il a trouvé sa joie à te louer.
Il a vécu pour toi, avec Marie, en Église.
Reçois ce que tu lui as donné, ton Esprit et ton sang.
Rappelle-toi ses larmes, il avait si soif de toi.

Tu as toujours été là pour lui, Christ ressuscité,
il te redit encore aujourd'hui : « Me voici. »
Étreins-le comme un ami dans son entrée au paradis,
accueille-le avec joie dans la communion des saints.

Il a vibré à ton nom Jésus,
émerveillé de se savoir aimé.
Tu lui as brûlé le cœur au silence de la prière.
Il a tout remis entre tes mains,
ouvre-lui tes bras de berger.
Tu es son espérance, donne-lui la lumière éternelle.

Seconde partie

« C'est maintenant le moment favorable, c'est maintenant le jour du salut. »

2 Corinthiens 6, 2

CHAPITRE 6

La liturgie des Heures

I l est bon de prier personnellement, mais il est
bon aussi de participer à la prière collective de
l'Église, celle du Christ lui-même. L'Église dans sa
liturgie met sur nos lèvres les formules de sa propre
prière pour qu'elles descendent en nos âmes et nous
suggèrent des attitudes propices à l'oraison intérieure.

La prière personnelle, plus subjective, n'entre donc
pas en conflit avec la liturgie officielle de l'Église,
comme l'eucharistie et la prière des Heures, prières

plus objectives. Prière personnelle et prière communautaire se nourrissent mutuellement et nous aident à vivre du Christ ; les deux sont communication entre nous et Dieu, les deux ont besoin de rites pour s'exprimer.

À chacun de voir le temps qu'il peut donner à Dieu, selon sa vocation et ses conditions de vie, et l'appel qu'il reçoit de Dieu. Par exemple, l'Église elle-même n'a jamais fixé à ses fidèles un minimum ou un maximum de minutes dans l'oraison. En revanche, le temps donné à le perdre dans la prière rend celle-ci de plus en plus vitale. Le temps de prière, qu'il soit personnel ou en commun, s'accueille comme un don. Il s'agit de passer des prières à la prière. Pierre Gire, dans un article sur la philosophie de la prière (*Esprit et Vie*, n° 58, 2001), montre que la prière est un acte d'élévation, d'évocation, de convocation et d'invocation. Elle est un dynamisme spirituel qui sanctifie le temps en l'offrant à Dieu.

Sanctifier le temps

Le temps est sanctifié par la liturgie des Heures. Cette prière, l'Église l'appelle aussi l'Office divin, ou encore *Prière du temps présent*, selon le titre d'un livre qui sert de « bréviaire ». C'est un héritage des juifs qui priaient au Temple plusieurs fois par jour. Les premières communautés chrétiennes se réunissaient aussi plusieurs fois par jour pour prier. C'est devenu la prière monastique par excellence.

La liturgie des Heures épouse le cycle de l'année liturgique de l'Église : Avent, Noël, carême, Pâques,

Pentecôte... Entre ces temps forts, nous comptons trente-quatre semaines, qu'on appelle le temps ordinaire. Nous reviendrons dans un autre chapitre sur l'année liturgique. Soulignons que ces trente-quatre semaines de la prière des Heures font alterner quatre semaines différentes, variant ainsi les textes, pour mieux nous associer à la louange éternelle que le Fils adresse à son Père. Ce rythme de la prière gratifie nos journées d'une musique qu'elle n'aurait pas autrement.

L'ouverture de l'office du matin, appelé aussi les laudes (de *laudare*, « louer »), commence ainsi : « Seigneur, ouvre mes lèvres ; et ma bouche publiera ta louange. » Suit alors la doxologie : « Gloire au Père, et au Fils et au Saint-Esprit, au Dieu qui est, qui était et qui vient, pour les siècles des siècles, amen. » L'office du soir, appelé aussi les vêpres (de *vespera*, « soir »), s'ouvre ainsi : « Dieu, viens à mon aide ; Seigneur, à notre secours. » Ceux et celles qui fréquentent les couvents et les monastères reconnaissent ces appels lancés à Dieu.

Cette prière officielle de l'Église, autrefois réservée aux moines, aux religieux et aux prêtres, se répand de plus en plus dans notre monde. Beaucoup de laïcs adoptent cette forme de prière liturgique qui est bien répartie dans le temps ; ils se nourrissent ainsi aux prières de joie et de douleur que sont les psaumes. Ils prient souvent seuls, mais se joignent aussi à des communautés paroissiales et des communautés religieuses, ou se réunissent entre eux pour raviver le sens de la prière en portant l'Église et le monde.

La prière chrétienne est avant tout la prière de toute la communauté humaine que le Christ rassemble. Chacun participe à cette prière, qui est la prière propre d'un corps unique, car en elle s'unissent les prières qui expriment la voix de l'épouse bien-aimée du Christ, les désirs et les vœux de tout le peuple chrétien, les supplications pour les besoins de tous les hommes. » (Constitution apostolique promulguant l'Office divin, dans *La Liturgie des Heures*, 1, Avent-Noël, p. 14.)

Lorsqu'on prie la liturgie des Heures, le temps devient une immense cathédrale où retentit la prière de l'Église, en continuité avec la prière de Jésus : laudes du matin, prières du milieu du jour, vêpres du soir, complies de la nuit. Les chrétiens offrent le monde et consacrent, par la louange des heures, le cycle du jour et de la nuit, toute l'activité humaine. Ce cadre se modèle sur le rythme du temps cosmique auquel chaque personne est soumise par son corps : jour, nuit, saison, année.

Une expérience lumineuse

Je me souviendrai toujours de la première fois où j'ai vraiment vibré à cette liturgie des Heures, véritable trésor de l'Église. C'était en mai 1973. Je m'étais retiré à l'ombre d'une abbaye cistercienne, Notre-Dame de Bellefontaine, perdue dans les bois du Maine-et-Loire, dans les Mauges, non loin de Cholet. Je refaisais mes forces, avant de reprendre mon engagement auprès des handicapés à l'Arche de Jean Vanier, près de Compiègne.

La première nuit, je me levai pour assister à l'office des vigiles, juste avant l'aube. Je pénétrai dans l'église humide qui ressemblait à un grand vaisseau de granit. Le père abbé, dom Emmanuel Coutant, m'invita à m'asseoir au chœur, près de lui. C'est là, au beau milieu du chœur des moines, dans cette froide attente de la lumière, que retentit l'hymne de Patrice de La Tour du Pin, *Lumière du monde, ô Jésus*, sur une musique très fluide de Joseph Gelineau.

Cette hymne pascale me poursuivit longtemps, nourrissant mes oraisons jusqu'au silence de la Présence, spécialement à l'abbaye cistercienne d'Oka, au Québec, où je vécus quatre ans comme moine. En ce lieu, j'eus tout le loisir de chanter et de prier les hymnes du poète. Plus tard, j'entrepris des études doctorales en théologie à l'université de Laval sur la théopoésie de La Tour du Pin. Puis ce fut la publication de quatre livres sur sa vie, son œuvre, ses hymnes, qui demandèrent dix années de ma vie.

Mais le germe de tout cela fut donné vers la fin de la nuit, où des moines, guettant l'aurore aux portes de la Vendée endormie, chantèrent l'hymne qui mit mon cœur en fête et en feu. L'Esprit me ramena au cœur de la foi chrétienne, la résurrection du Christ, ce foyer irradiant, ce centre où tout culmine, cette vie qui envahit tout. Un poète moderne en chantait le chemin au carrefour de ce siècle où tant de voix clamaient la mort de Dieu. J'entendais son murmure éveiller mon intelligence et tenir mon cœur en prière au cœur de la cité. J'avais découvert que la liturgie était une source et qu'il ne tenait qu'à moi de me baigner dans ses eaux étincelantes.

> Quand sur nos chemins on nous dit :
> Où est votre Christ aujourd'hui
> Et son miracle ?
> Nous répondons : D'où vient l'Esprit
> Qui nous ramène vers sa Pâque,
> Sur son chemin, sinon de lui ?
> (*Prier quinze jours avec Patrice de La Tour du Pin*, Nouvelle
> Cité, 1999, p. 24-26, du même auteur.)

Une prière pour la maison

Depuis plusieurs années déjà, mon épouse et moi prenons un temps le soir pour prier ensemble les vêpres dans notre maison, cette « petite église domestique », selon l'expression des Pères de l'Église.

> Il convient que la famille, en tant que sanctuaire domestique de l'Église, ne se contente pas de pratiquer la prière en commun, mais aussi qu'elle s'unisse plus étroitement à l'Église en utilisant, suivant ses possibilités, l'une ou l'autre partie de la liturgie des Heures. (*Présentation générale de la Liturgie des heures*, n° 27.)

Pour les vêpres, nous nous servons du livre « Prière du temps présent ». Nous communions dans le mystère du Christ tout en nous unissant à la prière commune de l'Église. C'est le Christ qui prie le Père en nous par son Esprit et nous qui prions dans le Christ. Ce temps ordinaire de prière nous ouvre à l'extraordinaire de la grâce. Il n'y a pas de surprise, car nous savons où nous allons. Nous suivons la structure de l'Office qui se déroule ainsi : l'introduction, l'hymne, deux psaumes et un cantique du Nouveau Testament encadrés par des antiennes, la parole de Dieu, le répons, le Magnificat, les intercessions, le *Notre-Père*, la prière finale, la bénédiction finale : « Bénissons le Seigneur ! Nous rendons grâce à Dieu. »

Nous alternons les psaumes à deux voix et nous prenons un court moment de silence après l'écoute de la Parole de Dieu. Cette liturgie en commun ne dure jamais plus de vingt minutes, mais elle montre bien que toute prière chrétienne est dialogale : Dieu appelle et nous répondons. Le temps devient un chemin de prière. Nous entrons dans ce dialogue que Jésus avait en tout temps avec son Père dans l'Esprit. Ce dialogue trinitaire se vit dans le temps où nous portons nos contemporains.

La répétition des psaumes durant les vêpres soutient notre prière, malgré la routine, véritable danger qui guette toute personne qui prie ou qui vit en couple. Nous accordons nos lèvres à notre cœur, « l'âme avec la voix », comme le recommande saint Benoît dans sa *Règle*. Puis vient l'hymne qui nourrit notre prière et donne le ton au soir que nous célébrons. C'est l'élément affectif et lyrique de l'office.

Les mots de Dieu

Même si la journée a été fatigante, c'est un tel ressourcement de prier ces textes anciens ! La prière des Heures met sur nos lèvres les mots qui nous manquent parfois dans la prière. Elle est toujours filiale et trinitaire. Pas besoin de tout inventer, nous savons où nous allons. On se fie à ce que l'Église nous propose pour dialoguer avec le Père, le Fils et l'Esprit. Ces textes nous rejoignent au plus profond de notre vie, nous décentrent de nos besoins et nous font communier dans la grande prière de ce temps. Si nous les goûtons tellement, c'est probablement parce que nous vivons un temps de prière personnelle le matin. La prière vocale a aussi besoin d'un temps de prière silencieuse pour ne pas devenir extérieure à notre cœur.

> Lorsque vous priez, ne rabâchez pas comme les païens : ils s'imaginent qu'à force de paroles ils seront exaucés. Ne les imitez donc pas, car votre Père sait de quoi vous avez besoin avant même que vous l'ayez demandé. (Matthieu 6, 7-8.)

Il ne faut quand même pas sous-estimer les prières vocales que nous récitons à l'Église ou à la maison, ni négliger le *Notre-Père* et le *Je vous salue Marie*... La prière récitée lentement avec beaucoup de foi maintient notre regard fixé sur Dieu et soutient notre désir. Cela ne veut pas dire qu'il n'y a pas de distractions. La prière vocale faite avec amour et attention de l'esprit peut conduire au silence amoureux de la contemplation.

Ce temps de prière du soir, vécu en couple, devient un temps pour Dieu où nous respirons un autre air, le souffle même de l'Esprit. C'est un temps de grâce où nous nous retrouvons comme chrétiens. Nous suspendons nos affaires pour naître en Dieu. C'est un temps ritualisé où nous laissons le Christ naître en nous un peu plus chaque soir. Nous faisons nôtre la prière de l'Église dans un esprit filial, puisque nous sommes des enfants de Dieu.

Quand nous prions la liturgie des Heures, Dieu nous donne la grâce de bien faire ce qu'il nous demande dans ce temps qui est le nôtre, sans nous laisser absorber par les obligations du quotidien. Le temps retrouve alors sa beauté. Il perd de son épaisseur en devenant liturgique. La lumière du Christ ressuscité traverse le temps comme un vitrail, lui qui embrase et embrasse tous les temps. La liturgie des Heures nous fait entrer dans cette lumière par la richesse du mystère célébré. Elle livre ses secrets à ses fidèles.

EXERCICE PRATIQUE

S i la prière des Heures, récitée en privé ou en commun, vous paraît un peu lourde et compliquée, vous pouvez dire lentement un psaume au lieu des deux. En fréquentant assidûment cette prière quotidienne de l'Église, vous en découvrirez les richesses, car vous communierez avec les mots même de Dieu. Mais allez à votre rythme, en adaptant au besoin ce qui semble le mieux pour vous. Vous pouvez accorder de la place à une prière plus spontanée, après les prières d'intercession par exemple. Ce que Dieu veut, c'est que vous priiez fidèlement en fils et en filles de son amour. Le temps deviendra alors liturgique et sa lumière éclairera tous les jours. Je vous invite aussi à participer de temps en temps à un office liturgique, comme les laudes et les vêpres, dans un monastère ou dans une communauté nouvelle. Sinon, vous pouvez toujours vous unir à cette forme de prière en écoutant une radio chrétienne près de chez vous. Enfin, je signale aux internautes chrétiens un site web entièrement dédié à la liturgie des Heures : www.prieraveclegise.fr

Prière

Ô Père des siècles du monde,
Voici le dernier-né des jours
Qui monte
À travers nous, à la rencontre
Du Premier-né de ton amour.

C'est lui qui pour toi fit éclore,
C'est lui qui devant toi chantait
L'aurore,
Quand il n'était pas d'homme encore
Pour avoir part à sa beauté.

Par lui tout demeure en genèse,
Nos jours dans leur vieillissement
Se dressent
À leur éveil vers sa jeunesse,
Car il se lève à l'Orient.

C'est lui qui sans cesse ranime,
C'est lui qui sur les temps maintient
Cette hymne
Émerveillée dès l'origine
Devant l'ouvrage de tes mains.

Voici la nouvelle lumière
Montant au plus secret des corps,
Ô Père,
Envoie le souffle sur la terre
Du Premier-né d'entre les morts.

(Patrice de La Tour du Pin,
« Hymne du matin du 2ᵉ dimanche »,
in *Prière du temps présent*, p. 736.)

CHAPITRE 7

Le temps des psaumes

L orsque nous parcourons le psautier, certains versets nous touchent plus que d'autres. Plus nous les méditons, plus leur profondeur nous aide à prier. Beau temps mauvais temps, ils nous invitent à la confiance en Dieu : « Le jour où j'ai peur, je prends appui sur toi » (Psaume 55, 4). Ils sont comme des bouées de sauvetage les jours d'épreuve :

Pour moi, je crie vers Dieu ;
le Seigneur me sauvera.
Le soir et le matin et à midi,
je me plains, je suis inquiet. (Psaume 54, 17-18.)

Pour le psalmiste, chaque jour est donné par le Seigneur. Matin, midi, soir, et même la nuit, le fidèle se réfugie en Dieu son sauveur, car il a conscience de sa faiblesse et de la brièveté de la vie. Si le temps lui semble long, c'est bien relatif devant l'éternité de Dieu. La prise de conscience de sa finitude lui donne un peu de sagesse, afin de tirer profit de la vie qui passe.

> D'âge en âge, Seigneur,
> tu as été notre refuge.
>
> À tes yeux, mille ans sont comme hier,
> c'est un jour qui s'en va, une heure dans la nuit.
>
> Apprends-nous la vraie mesure de nos jours :
> que nos cœurs pénètrent la sagesse. (Psaume 89, 1, 4, 12.)

Vanité des vanités

Qohélet voulait lui aussi tirer le meilleur parti possible de la vie présente qui est souvent malheureuse. Qui ne connaît pas sa plainte, commentée depuis des siècles : « Vanité des vanités, tout est vanité » (Qohélet 1, 2) ? Qohélet se demande quel profit l'homme retire de la peine qu'il se donne sous le soleil. Il constate que tout n'est que poursuite du vent. Mais il y a Dieu.

Le monde est absurde sans Dieu, semble nous dire Qohélet. Mais la seule manière de vivre dans le monde et d'habiter le temps est tout de même de croire en Dieu.

> Tous, ils comptent sur toi
> pour recevoir leur nourriture au temps voulu.
> (Psaume 103, 27.)

Il y a un temps pour chaque chose sous le ciel : « Un temps pour gémir, et un temps pour danser. Un temps

pour se taire, et un temps pour parler » (Qohélet 3, 4, 7).
Il est vrai que l'action de Dieu demeure mystérieuse,
mais il faut savoir lui rendre grâce pour tous les petits
bonheurs qui jalonnent notre existence.

> Toutes les choses que Dieu a faites sont bonnes en leur
> temps. Dieu a mis toute la durée du temps dans l'esprit de
> l'homme, et pourtant celui-ci est incapable d'embrasser
> l'œuvre que Dieu a faite, du début jusqu'à la fin. (Qohélet
> 3, 11.)

L'heure de Dieu

Qohélet et les Psaumes nous montrent que l'amour du
Seigneur ne se mesure pas au temps. Dieu peut donner
plus en un court instant de prière qu'en de longues
heures. Il nous soutient sans cesse, aux jours de bonheur comme aux jours de malheur :

> Il connaît les jours de l'homme intègre
> qui recevra un héritage impérissable.
> Pas de honte pour lui aux mauvais jours ;
> aux temps de famine, il sera rassasié. (Psaume 36, 18-19.)

Nous avons vu au chapitre 3 que l'instant présent permet l'union à Dieu. Notre maintenant est aussi le sien.
C'est dans le moment présent que nous pouvons rencontrer notre Dieu. Aujourd'hui est toujours l'heure de
Dieu. « Aujourd'hui, ne fermons pas notre cœur, mais
écoutons la voix du Seigneur ». En écho à ce verset du
psaume 94, l'auteur de la Lettre aux Hébreux avait écrit :

> Aussi longtemps que dure l'« aujourd'hui » de ce psaume,
> encouragez-vous les uns les autres jour après jour.
> (Hébreux 3, 13.)

Cet « aujourd'hui » jaillit de l'éternité. Dieu est tout entier présent dans notre aujourd'hui puisqu'il est amour. Le temps nous est donné pour accueillir son salut : « C'est maintenant le moment favorable, c'est maintenant le jour du salut » (2 Corinthiens 6, 2).

> À toi, Dieu, nous rendons grâce ;
> nous rendons grâce, et ton nom est proche :
> on proclame tes merveilles !
> Oui, au moment que j'ai fixé,
> moi, je jugerai avec droiture. (Psaume 74, 2-3.)

Tout être humain a soif d'aimer et d'être aimé dans l'aujourd'hui qu'il vit ; soif qui est corollaire du désir fondamental de vivre. Il en est ainsi pour Dieu, que Jésus présente comme un Père compatissant qui continue d'enfanter l'enfant prodigue en l'accueillant et en lui pardonnant. N'est-ce pas cela la prière, la rencontre dans le temps de deux désirs, de deux regards, qui se traduit par un long enfantement au quotidien, où nous passons de la mort à la vie ?

Un cœur qui écoute

Dans la prière, il y a un temps pour parler à Dieu et un temps pour l'écouter dans le silence intérieur. Les psaumes sont vides s'ils ne nous conduisent pas à ce silence intérieur et amoureux qui féconde notre prière. C'est parce que Dieu est Parole que le silence devient si important. Nous répondons à sa Parole par un silence qui laisse chanter en nous son amour, comme en écho :

> Rendez grâce au Seigneur : Il est bon ! Éternel est son amour. (Psaume 117, 1.)

Comme toute parole de Dieu, les psaumes naissent du silence et y retournent. Tous les silences du temps s'y retrouvent : pleins et vides, englobants et angoissants, amoureux et vengeurs, comblants et troublants, communautaires et solitaires. Qu'ils soient lamentation, supplication ou louange, les psaumes nous mettent en présence du mystère de Dieu et nous façonnent un cœur qui écoute, à l'exemple de Marie qui retenait les événements et les méditait dans son cœur, nous disent les Évangiles.

Lorsque la prière elle-même se tait, nous communions avec Dieu, au-delà des mots, en nous reposant en lui comme ses enfants bien-aimés :

> Je tiens mon âme
> égale et silencieuse ;
> mon âme est en moi comme un enfant,
> comme un petit enfant contre sa mère. (Psaume 130, 2.)

Avec Marie la silencieuse, tellement à l'écoute de la Parole que le Verbe se fait chair en elle, nous laissons le Christ exister en nous par une prière sans paroles qui prolonge celle des psaumes. N'oublions pas que Jésus, Marie et Joseph ont prié les psaumes, jusqu'à les habiter de leurs sentiments et silences. Nous les prions aujourd'hui en eux et avec eux, en tenant notre âme en paix, malgré les distractions et agitations. Nous sommes là pour Dieu seul, simplement là, en silence devant sa Face :

> Seigneur, je n'ai pas le cœur fier
> ni le regard ambitieux ;
> je ne poursuis ni grands desseins,
> ni merveilles qui me dépassent. (Psaume 130, 1.)

Ce n'est pas dans l'abondance des mots, ni des foules, ni des grandes ambitions que Dieu se tient, mais dans l'humilité d'un cœur qui sait que ses désirs et ses déserts sont dans sa main : « Mes jours sont dans ta main » (Psaume 30, 16).

Si Dieu a parlé à Moïse par des coups de tonnerre (Exode 19), il n'en sera pas ainsi pour Élie. Dieu lui parle par un bruit de fin silence, « le murmure d'une brise légère » (1 Rois 19, 12). Dieu ne veut pas impressionner mais séduire, ni s'imposer mais être accueilli librement, dans la musique d'un silence qui parle plus fort que les mots. Ce silence peut fendre les cœurs de pierre mieux que le tonnerre du Sinaï fendit les rochers. C'est dans la fente de nos cœurs blessés que le Seigneur passe pour nous abriter dans la plaie de son côté ouvert. En ce lieu, sa Parole nous atteint au creux de l'être, « elle pénètre au plus profond de l'âme, jusqu'aux jointures et jusqu'aux moelles » (Hébreux 4, 12).

Le silence de Dieu

Le silence de Dieu déconcerte souvent. Il est plus troublant que bien des paroles. Du couple silence et solitude peuvent jaillir des accords qu'aucune musique ne saurait vraiment rendre. Lorsqu'ils sont désirés, il y a harmonie, mais lorsqu'ils sont imposés, c'est le chaos, dont les fours crématoires d'Auschwitz sont le symbole absolu. Alors on parle du silence de Dieu. Le prophète Habaquq s'en plaignait ainsi :

> Pourquoi gardes-tu le silence quand l'impie engloutit un plus juste que lui ? (Habaquq 1, 13.)

Le psalmiste s'est souvent confronté à cette scandaleuse absence de Dieu : « Combien de temps, Seigneur, vas-tu m'oublier ? » (Psaume 12, 2.) Le silence de Dieu attise le désir du croyant, qui l'appelle au cri de la supplication :

> Seigneur, mon rocher, c'est toi que j'appelle :
> ne reste pas sans me répondre,
> car si tu gardais le silence,
> je m'en irais, moi aussi, vers la tombe. (Psaume 26, 1.)

Qui d'entre nous n'a pas ressenti ce silence où Dieu semble si loin ? En plongeant dans la prière des Psaumes, le croyant ne peut qu'adorer sans comprendre. Pourtant, il pressent bien que Dieu se tait par amour et respect devant la liberté qu'il nous a donnée. Il ne peut rien faire sans nous, alors que nous pouvons tout faire sans lui. Le fidèle saisit dans la foi à quelles profondeurs il peut écouter ce silence de Dieu. Il s'approprie les cris du psalmiste, comme a pu le faire Jésus, dont le silence sur la Croix se prolongea en un long samedi saint :

> Dieu, ne garde pas le silence,
> ne sois pas immobile et muet.
> Vois tes ennemis qui grondent,
> tes adversaires qui lèvent la tête. (Psaume 82, 2-3.)

Le philosophe Søren Kierkegaard écrivit : « Seigneur, ne nous laisse jamais oublier que tu parles aussi quand tu te tais. »

EXERCICE PRATIQUE

Lorsque tu récites un psaume, tu pries à partir des mots de Dieu. Note les versets que tu préfères : « Le Seigneur est mon berger : je ne manque de rien » (Psaume 22, 1) ; « Vers toi, Seigneur, j'élève mon âme » (Psaume 24, 1) ; « Le Seigneur est ma lumière et mon salut ; de qui aurais-je crainte ? (Psaume 26, 1). Prends quelques minutes de recueillement pour laisser ces versets ou le psaume tout entier descendre dans ton cœur. Médite ces paroles de Dieu, écoute-les pour en faire ta demeure. Ce sont des bâtons de pèlerin pour aujourd'hui. Petit à petit, le silence s'installe. Tu goûtes parfois à ce que saint Jean de la Croix appelle « le parler de Dieu », sa musique silencieuse. Le psaume continue à vivre dans ce silence. Il prolonge ta prière, sans mots, comme les minutes prolongent la musique de Mozart lorsque la pièce est terminée. Ainsi, après le Psaume 150, le silence inspire d'autres psaumes en toi, ceux de ta vie. À toi de les écrire et de les vivre.

Prière

Comme le bon grain et l'ivraie poussent ensemble,
des hommes et des femmes
cherchent leur place au soleil.
Souvent ils se battent en ton nom
pour un bout de terre,
ils ne savent pas ce qu'ils font ni qui tu es vraiment,
Dieu, ami des humains de toute langue,
race et religion.

Est-il vrai qu'il y a un temps pour bâtir
et un temps pour détruire,
un temps pour aimer et prier,
un temps pour haïr et maudire ?
Aujourd'hui nous voulons choisir la vie et la paix,
nous élevons vers toi la grande prière de ce temps,
comme un arc-en-ciel d'espoir autour de la terre.

Dieu de nos silences et de nos paroles,
souffle sur les corps un vent de Pentecôte,
partage-nous ton secret au lieu-dit de notre cœur,
rassemble nos soifs d'amour et nos désirs d'unité,
engendre-nous pour la louange et l'action de grâce,
que ton nom ne soit pas cause de division
entre les peuples,
que ton mystère nous rapproche les uns des autres,
nous te le demandons humblement aujourd'hui,
pour ce temps qui nous reste.

CHAPITRE 8

L'année liturgique

L e temps est à l'image de notre existence, il s'écoule sans que nous puissions le retenir. Dans la Bible, le temps a un commencement : « Au commencement Dieu créa le ciel et la terre » (Genèse 1, 1). Ce temps s'oriente vers une fin, le retour du Christ : « Amen ! Viens, Seigneur Jésus » (Apocalypse 22, 20).

Entre ce début et cette fin, il y a une histoire, que les croyants appellent sainte. Au cœur de cette histoire, il y a Jésus, l'Alpha et l'Oméga, le Premier et le Dernier, qui totalise en lui toute la prière du monde, celle qui a précédé sa venue parmi nous et celle qu'il continue de susciter lorsque nous faisons mémoire de lui, surtout au cours de l'eucharistie.

> Au commencement était le Verbe, la Parole de Dieu, et le Verbe était auprès de Dieu, et le Verbe était Dieu. Il était au commencement auprès de Dieu. Par lui, tout s'est fait, et rien de ce qui s'est fait ne s'est fait sans lui [...] Et le Verbe s'est fait chair, il a habité parmi nous, et nous avons vu sa gloire, la gloire qu'il tient de son Père comme Fils unique, plein de grâce et de vérité. (Jean 1, 1-3, 14.)

Le temps est donc traversé par un sens : la résurrection du Christ et la nôtre à venir. La liturgie célèbre ce projet de Dieu, cette histoire du salut, en transformant la succession des instants dans ce que l'Église nomme « l'année liturgique ». En organisant d'une façon cohérente les jours et semaines de l'année, la liturgie crée un rythme autour du mystère pascal. Elle offre à notre temps éclaté la grâce et la poésie pour que nous chantions un chant nouveau à notre Dieu. Ainsi, nous faisons route avec le Ressuscité dans le quotidien de nos engagements. Nous lui répondons par la prière.

Le cycle de l'année liturgique donne au temps toute sa densité ; l'éternité est déjà commencée dans notre aujourd'hui. Le temps n'est pas arrêté : il est concentré, ouvert, totalement tourné vers le retour du Christ, au dernier jour. Ce temps liturgique, soulevé de l'intérieur par l'espérance chrétienne, nous entraîne au réalisme de la patience et à la danse de la prière. À nous de jouer ce jeu sacré de la liturgie avec tous nos sens.

L'aujourd'hui de Dieu

Dieu est tout entier présent dans notre aujourd'hui puisqu'il est amour. Sa Parole crée toujours du neuf : il dit et cela est. La liturgie proclame continuellement cette action salvatrice de Dieu qui est à l'œuvre en nous et dans l'histoire. Ainsi, le calendrier de l'année liturgique culmine au triduum pascal, qui va du jeudi saint jusqu'à Pâques. Mais le dimanche demeure toujours le jour le plus important de la semaine, car on fait mémoire du jour de la résurrection du Christ, appelé aussi premier jour de la semaine, jour de renaissance et de joie, « jour du Seigneur ».

> Voici le jour que fit le Seigneur,
> qu'il soit pour nous jour de fête et de joie ! (Psaume 117, 24.)

Le mystère pascal célébré dans la liturgie chrétienne de dimanche en dimanche nous enracine dans le salut du Christ aujourd'hui. Ce n'est pas le passé qui intéresse la liturgie, mais l'action salvifique du Christ dans notre temps. Nous nous laissons prendre par ce mystère du salut déployé au long de l'année liturgique sans en comprendre toute la teneur. Comment saisir Celui qui nous saisit de l'intérieur ? Mais sa Parole nous sauve aujourd'hui, comme elle l'a fait pour Zachée et le bon larron : « Aujourd'hui, le salut est arrivé pour cette maison » (Luc 19, 9) ; « Aujourd'hui, tu seras avec moi dans le Paradis » (Luc 23, 43).

Nous n'avons qu'à être là, « serviteurs quelconques » (Luc 17, 10), mais combien nécessaires, pour célébrer la beauté et l'actualité du mystère. Nous ne remontons pas dans le temps, nous actualisons ce que le Christ a fait pour nous. Nous accordons nos lèvres à notre cœur, nous nous éveillons aujourd'hui à l'appel de Dieu qui retentit dans toute la Bible : « Aujourd'hui écouterez-vous sa parole ? » (Psaume 94, 7.)

Le cycle liturgique déploie la présence du Seigneur dans le temps et l'espace, dans la succession des heures et des saisons, dans ce qui vit et palpite. Même la souffrance et la mort peuvent devenir des lieux de sa visite, puisqu'il est venu les remplir de sa présence.

À chaque année, nous refaisons le parcours de l'année liturgique qui évolue avec notre prière. Nous saisissons tel aspect qui nous avait échappé, tel rite qui prend tout son sens, etc. Nous sommes remplis de joie par la fête de Noël au début de l'hiver, par l'Assomption en plein été, par la Toussaint dans les jours gris de l'automne... Ce n'est jamais pareil d'une année à l'autre, car le mystère du Dieu fait homme reste toujours à découvrir. Notre vie est ainsi organisée de telle manière que l'année liturgique lui donne une unité intérieure.

Temporal et sanctoral

L'année liturgique peut paraître double avec le temporal et le sanctoral, mais c'est toujours Dieu qui vient à l'homme et l'homme qui va vers Dieu. Le temporal célèbre les mystères du Christ, le sanctoral ses « imitateurs » que sont les saints et les saintes. Nous nous inscrivons dans cette même famille et histoire, dans cette longue nuée de témoins que forme la communion des saints[1].

---

1. Voir mon livre *Les Saints, ces fous admirables*, Béatitudes/Novalis, 2005.

Temporal et sanctoral s'unifient dans la même puissance salvatrice du Christ pour que nous revivions en lui les étapes du mystère du salut. Le sanctoral et les fêtes vouées à Marie sont toujours subordonnés au temporal que sont les dimanches, les grands temps de l'Avent, de Noël, du carême, de Pâques et de la Pentecôte, ce que dom Guéranger appelait les « saisons mystiques » dans son œuvre *L'Année liturgique*. Puis il y a ce que l'Église nomme « le temps ordinaire ».

Le temps ordinaire commence après la fête du baptême de Jésus qui marque la fin du cycle de Noël. Pas si ordinaire que cela, ce temps où nous avons à vivre au jour le jour le baptême reçu pendant trente-quatre semaines. Le temps ordinaire est tout indiqué pour nous ajuster au Christ, pour mettre de l'ordre dans le quotidien de nos vies, nous qui sommes nés de nouveau par le bain du baptême, « renouvelés dans l'Esprit-Saint » (Lettre de Paul à Tite 3, 5).

Par le temporal et le sanctoral, l'année liturgique nous permet d'être en contact permanent avec le Christ. Elle est un chemin d'où nous parvient le salut. Notre temps ne reçoit pas seulement le mystère, il le rend présent par la continuité des années. Il devient ainsi le lieu de la prière où le Christ ressuscité vit son mystère pascal avec nous, par nous et en nous. C'est ce Christ, présent totalement dans son Église, qui constitue l'année liturgique. L'Église revit, à telle fête liturgique, une phase spéciale de ce mystère total du Christ, sous un mode symbolique, sacramentel. C'est dire l'importance du temps pour Dieu et pour nous qui allons vers lui. La liturgie sanctifie ce temps par où le Christ achemine ici et maintenant son Royaume, déjà là mais pas encore pleinement réalisé.

109

Le cycle liturgique de l'Église ne nous enferme pas sur nous-mêmes, mais nous entraîne comme une spirale dans la rencontre et le retour du Seigneur. Nous y entrons avec une âme désirante, sachant que tout ce que nous vivons n'est pas futile, que l'acte de prière dépasse ce que nous en comprenons. Deux temps liturgiques expriment d'une façon particulière cet acte de prière qui est toujours à recommencer : l'Avent et le carême.

L'attente et l'espérance de l'Avent

« Voici le temps du long désir où l'homme apprend son indigence », chantons-nous dans une hymne de l'Avent. Ce temps d'attente et d'espérance qui précède Noël questionne la soif qui nous tourmente, le désir qui nous habite. La réponse se trouve au fond du cœur, ce fond secret, qui est « le fond de Dieu », disait Maître Eckhart. C'est là, dans l'indigence de notre crèche intérieure, que Dieu ravive notre désir.

Temps d'Avent, temps d'éveil ! Éveil à soi d'abord pour mieux nous éveiller en Dieu : « Restez éveillés et priez en tout temps » (Luc 21, 36). Le Dieu prodigieux fait du neuf et passe en secret dans nos vies. Il vient tracer en nous son chemin, relève nos têtes dans la nuit du monde, nous enfante à la vraie prière. Il dresse les tables de sa Parole et de son Pain, habite notre désir et notre attente, éclaire nos veilles et nos engagements.

« On obtient de Dieu autant qu'on en espère », répétait Jean de la Croix. La petite Thérèse faisait son miel de cette maxime. Tel est le sens de l'Avent : temps du désir, d'éveil et d'espérance. Il vient notre Dieu. Il surgit comme l'aurore. Il ne tarde plus. Il nous donne son Esprit qui prie sans cesse en nous.

Purification et conversion du carême

Le carême est le temps de la purification et de la conversion, quarante jours avant Pâques. Il s'ouvre sur le jeûne de Jésus, temps du combat entre la lumière et les ténèbres. Ce jeûne de longue durée découle d'un appel de l'Esprit. J'ai montré dans mon livre *Se purifier pour renaître*[1] que le jeûne chrétien est action de l'Esprit, préparation à la mission d'évangélisation, expérience pascale, attente de l'Époux et faim de Dieu.

En visitant nos désirs, par le jeûne et la prière, nous nous rendons compte que beaucoup d'entre eux ne font pas vivre. Le désir est souvent aveugle, parce qu'immodéré, et son énergie peut être destructrice. Le temps du carême passe en revue ces désirs tyranniques : pouvoir, argent... Alors que le besoin est répétitif, comme les désirs de consommation, le désir profond fait vivre, puisqu'il est de l'ordre de la relation, de l'amour. C'est ce désir que favorise le carême en misant sur la prière, le jeûne et le partage.

Le temps du carême renvoie aussi aux peurs qui paralysent : peur d'être inutile, rejeté, abandonné ; peur de vieillir, de souffrir, de mourir ; peur du néant, de Dieu, de l'enfer. L'Évangile du Ressuscité nous invite à convertir le désir en don, et la peur en confiance. Le

1. Presses de la Renaissance, 2004.

carême est le temps où nous pouvons faire l'expérience de la prière par laquelle nous nous rendons capables d'être comblés par Dieu, car l'âme se dilate dans le désir et l'attente de sa présence.

Notre mission n'est-elle pas de révéler cette présence du Christ au monde en nous aimant les uns les autres et en rayonnant de cette joie qui vient de l'Esprit du Père et du Fils ? La présence s'est levée du tombeau, elle marche avec nous comme avec les disciples d'Emmaüs, elle reste avec nous lorsque le soir tombe, se révèle dans le repas eucharistique, à « l'auberge avec sa table basse », selon l'expression de Patrice de La Tour du Pin dans son hymne du saint sacrement :

> Prenez son corps dès maintenant,
> Il vous convie
> À devenir eucharistie ;
> Et vous verrez que Dieu vous prend,
> Qu'il vous héberge dans sa vie
> Et vous fait hommes de son sang.
> (Hymne du soir pour le saint sacrement, *Prière du temps présent*, p. 531.)

Chaque temps fort de l'année liturgique, comme l'Avent, Noël, le carême, Pâques, la Pentecôte, rassasie notre âme, nourrit notre cœur et élève notre esprit. Ces temps nous donnent Dieu, ajustent nos montres à son heure. Son jour se lève en nous, sa lumière déloge la mort qui rôdait autour de nos tombeaux. Joie d'être la créature d'un tel Dieu ! Paix d'être l'enfant d'une telle Pâques !

D'une manière plus générale, prendre la résolution d'une attention plus grande au déroulement liturgique de l'année, en commençant dès maintenant, pour en découvrir peu à peu et sans fin les mille et un trésors. Demander un calendrier liturgique à son curé ou chez un libraire religieux.

EXERCICE PRATIQUE

La liturgie de l'Avent met dans notre cœur des mots que nous pouvons répéter à longueur d'année, surtout dans nos temps d'oraison intérieure : « Viens, Seigneur Jésus. » J'ai fait de ces mots ma maison. Ils me gardent au chaud en hiver, me mettent en présence de Dieu dans la prière, me tiennent en état d'éveil lorsque la lumière décline et que le soir vient. « Viens, Seigneur Jésus. » J'aime aussi reprendre cette antienne chaque jour de l'Avent : « Viens, Seigneur, ne tarde plus, en veillant dans la nuit, nous attendons ton retour. »

Pour le carême, pourquoi ne pas répéter à différents moments de la journée la prière de l'aveugle de Jéricho : « Jésus, Fils de David, aie pitié de moi » (Luc 18, 38). On a appelé cette prière « la prière de Jésus », ou la prière du cœur, popularisée par le pèlerin russe. Ces mots nous purifient, éveillent le désir, surtout parce que le nom de Jésus est répété inlassablement. Cette prière du cœur invite à la conversion et nous tourne vers l'Emmanuel, Dieu avec nous. Nous reconnaissons par ce cri notre désir ardent d'être sauvés par le Christ. « Jésus, Fils de David, aie pitié de moi. »

Prière

Dieu avec nous, tu surprends l'humanité entière
en n'étant pas dans la toute-puissance du tyran,
mais dans la promesse d'une naissance à venir.
Accompagne-nous dans notre marche à l'amour,
ainsi nous percevrons ta présence en l'autre.

Dieu avec nous, tu bâtis la justice et la paix,
malgré la guerre, l'intolérance, la haine.
Apprends-nous à t'accueillir sans te manipuler,
à construire avec toi un monde plus fraternel,
ainsi nos déserts se changeront en vergers.

Dieu avec nous, tu réponds à notre espérance
en nous partageant ta soif de libération.
Creuse en nos âmes la faim de ton salut,
pour qu'avec Marie nous goûtions la joie
d'être tous réunis un jour dans ton Royaume.

Dieu avec nous, tu viens toujours nous sauver
par l'amour désarmé de l'enfant de Bethléem.
Sois notre étoile dans la nuit de nos doutes,
manifeste ta venue par des signes de pardon,
Toi, l'Emmanuel, de la crèche au tombeau vide.

CHAPITRE 9

Petit carnet du priant

P rier est toujours possible : le temps du chrétien est celui du Christ ressuscité qui est « avec nous, tous les jours « (Matthieu 28, 20), quelles que soient les tempêtes (cf. Luc 8, 24). Notre temps est dans la main de Dieu : il est possible, même au marché ou dans une promenade solitaire, de faire une fréquente et fervente prière. Assis dans votre boutique, en train d'acheter ou de vendre, ou même de faire la cuisine (saint Jean Chrysostome, ecl. 2 : PG 63, 585A).

Catéchisme de l'Église catholique,
n° 2743.

Celui qui prie ne perd pas son temps, même si la situation apparaît réellement urgente et semble pousser uniquement à l'action. La piété n'affaiblit pas la lutte contre la pauvreté ou même contre la misère du prochain. La bienheureuse Teresa de Calcutta est un exemple particulièrement manifeste que le temps consacré à Dieu dans la prière non seulement ne nuit pas à l'efficacité ni à l'activité de l'amour envers le prochain, mais est en réalité la source inépuisable.

Benoît XVI, lettre encyclique,
Dieu est amour, n° 36.

En règle générale, chacun doit s'efforcer à tout prix de réserver à l'oraison, si aride qu'elle puisse être, un minimum de temps, si court qu'il soit.

Jacques Maritain, *Carnet de Notes*,
DDB, 1965, p. 238.

Je ne maîtrise pas ce qui peut se passer pendant la prière. Il faut seulement que je sois là, présent, loin des préoccupations ou des soucis : c'est ma part personnelle. Ce temps, je le confie, je le remets, je l'offre au Seigneur. C'est un temps pour Lui, pour Sa gloire, pour être et vivre avec Lui : un cadeau comme on en offre à un ami.

Pierre Guilbert, dans *Panorama*,
juin 2004, p. 30.

Pourquoi vous fatiguer à poursuivre Dieu comme s'il était extérieur à vous ? Il est en vous, au cœur de votre être. Présent, vivant, aimant, actif. Là il vous appelle. Là il vous attend pour vous unir à lui.

Henri Caffarel, *L'Oraison. Jalons sur la route*,
Parole et Silence, 2006, p. 8.

La prière est une école de patience : même si nous n'en avons pas conscience, elle opère son travail en nous. C'est Dieu qui choisit le moment et l'heure de nous parler : prier, c'est attendre Sa venue. Il faut tenir bon, même si le temps de mon oraison se passe sans fécondité apparente.

Cardinal Philippe Barbarin, dans *Panorama*,
juillet-août 2004, p. 18.

Le présent du passé, c'est la mémoire. Le présent du présent, c'est l'observation. Le présent du futur, c'est l'attente.

Saint Augustin, *Les Confessions*, livre 11, chap. 14.

Comme c'est beau attendre ! Quel mot plein, complet, parfait − un mot qui dit à la fois l'attention et la tension, mais sans la souffrance inhérente à la patience ; un mot tendre qui s'adresse à nous de ses deux *t* dressés comme on tend les bras − à nous, à toi et au temps qui passe.

Camille Laurens, *Le Grain des mots*,
POL, 2003.

Dans l'acte de prière, le silence ne se réduit pas à l'espace qui permet de proférer la parole ; il est aussi le temps de la contemplation intérieure où les mots se subliment dans une présence de communion.

Pierre Gire, Philosophie de la prière,
Esprit et Vie, n° 58, 2002.

Si chaque matin, en me réveillant, je prends l'habitude d'offrir ce qui va arriver dans la journée, ou ce que j'aurai à faire au bureau, je peux apprendre à demeurer dans un état de prière qui va imprégner chacun de mes actes. L'adoration peut nous aider à parvenir à cela : « Priez sans cesse. »

L'abbé Pierre, dans *Prier*,
décembre 2004, p. 11.

Dans l'Évangile de Jean, j'ai découvert que prier, c'est avant tout demeurer en Jésus et laisser Jésus demeurer en moi. Ce n'est pas d'abord et avant tout dire des prières, mais c'est vivre dans le maintenant du moment présent, en communion avec Jésus.

Jean Vanier, *Entrer dans le mystère de Jésus*,
Novalis, 2005, p. 374.

Où es-tu ? Me voici. Toute l'histoire sainte, avec son bruit et sa fureur, se tient entre ces deux paroles. Et vous pouvez répondre à votre tour dans la prière : « Me voici, avec toute la tiédeur de mon époque, avec les exploits et les catastrophes du jour, avec mon rythme, mes arriérés d'impôt, mon père à qui je n'arrive pas à dire combien je l'aime, ma peur de crever et surtout mon indifférence, ma grande indifférence à l'égard de Toi, mon Dieu, me voici. » Vous aurez l'impression de perdre votre temps. Tant mieux. C'est la manière de le racheter. Ce sentiment d'inutilité, de contre-performance, de pesanteur stérile, atteste que l'on est là, non pour autre chose, mais pour être là, gratuite-ment, par amour.

Fabrice Hadjadj, *Réussir sa mort*,
Presses de la Renaissance, 2005, p. 324-325.

La durée des prières ne fait pas leur valeur, mais leur ferveur, c'est-à-dire l'amour. Si, pour s'exprimer, l'amour a besoin de beaucoup de temps, qu'il persiste dans son élan. Son insistance ne lui déplaît que si elle manifeste une attache : je veux à tout prix la santé.

Augustin Guillerant, *Face à Dieu.*
La prière selon un chartreux,
Parole et Silence, 1999, p. 71.

Chez nous, dans la famille, nous parlons, nous rions, nous nous disputons, mais surtout nous nous aimons. Alors, c'est sûr que tu es là, Jésus, avec nous, à la mai-son. Et souvent, dans le silence de mon coin à moi, je pense à toi. Oui, chez nous, tu es chez toi.

Prières pour toute l'année,
Bayard Jeunesse, 2005, p. 106.

Tous doivent être présents dans la prière : les vivants, les morts et aussi ceux qui doivent encore venir au monde. Il faut que dans la famille on prie pour chaque personne, en fonction du bien qu'est la famille pour elle et du bien qu'elle apporte à la famille. La prière raf-fermit davantage ce bien, précisément comme bien familial commun. Mieux, elle fait naître ce bien, d'une manière toujours nouvelle.

Jean-Paul II, *Lettre aux familles*,
1994, n° 10.

Il ne suffit pas d'avoir la prière, il faut devenir, être prière, se construire en forme de prière, transformer le monde en temple d'adoration, en liturgie cosmique.

Paul Evdokimov,
L'Orthodoxie, DDB, 1979.

En liturgie comme en art, le temps ne s'écoule pas de manière productive. Il s'y prend lui-même pour sa propre fin. La poésie est faite pour être goûtée, au moment même où elle est énoncée [...] La liturgie est libérée du souci de devoir produire quelque chose, fût-ce une liturgie « réussie » ! Elle est faite pour être goûtée, pour nous mettre sur la voie de l'émerveillement, de l'admiration des œuvres de Dieu, et de l'action de grâce.

Paul de Clerck, *L'Intelligence de la liturgie*,
Cerf, 1995, p. 157.

Vivre liturgiquement, c'est – porté par la Grâce et conduit par l'Église – devenir une œuvre d'art vivante devant Dieu, sans autre but que d'être et de vivre en présence de Dieu. C'est accomplir la parole du Maître et « devenir comme des enfants ». C'est, une fois pour toutes, renoncer à la fausse prudence de l'âge adulte qui veut toujours un but à tout. C'est se décider à jouer comme le faisait David quand il dansait devant l'arche d'alliance.

Romano Guardini, *L'Esprit de la liturgie*,
Plon, 1929, p. 223.

Vis le jour d'aujourd'hui, Dieu te le donne, il est à toi, vis-le en Lui. Le jour de demain est à Dieu, il ne t'appartient pas. Ne porte pas sur demain le souci d'aujourd'hui. Demain est à Dieu : remets-le Lui. Le moment présent est une frêle passerelle : si tu le charges des regrets d'hier, de l'inquiétude de demain, la passerelle cède et tu perds pied. Le passé ? Dieu le pardonne. L'avenir ? Dieu le donne. Vis le jour d'aujourd'hui en communion avec Lui ; et s'il y a lieu de t'inquiéter pour un être bien-aimé, regarde-le dans la lumière du Christ.

Sœur Odette Prévost,
dans *Prier*, septembre 2006, p. 9.

CHAPITRE 10

Prières du monde

Premier rendez-vous

C'est l'aube, un jour nouveau à naître…
et ton Nom s'allume
au creuset du silence.
Ouvre mon cœur au don de Ta présence.

Sois loué, Seigneur,
sois béni pour ce rendez-vous du matin
Où ta parole est lampe pour mes pas
À l'orient des jardins de l'âme

Envoie Ton souffle recréateur qui refait à neuf
ce qui hier encore était défait, sali, tordu.
Déploie en Ta vie ce qui en nous se refuse,
peine, juge, s'enorgueillit et quelquefois désespère.

Tu es l'hôte intime de cette Demeure
où les convives d'hier sont encore là aujourd'hui,
assoiffés à la table de l'éternel Cana,
quêtant leur manne de survie ou le vin de fête.

À Toi qui sais ce que père et mère veut dire
de cette immense maison des hommes
je te confie mes frères, les souffrants
et les bien-portants
les boulimiques du superficiel
et les anorexiques de l'Essentiel.
Sois le rayon de lumière qui guérit leur vie.
Traverse avec eux les souffrances,
les angoisses, les détresses.

Trinité d'amour, d'humilité et de sagesse,
accompagne chacun au long de ce jour
dans le service vigilant des autres
et l'unité des cœurs avec Toi.

Christiane Keller, *Prier*, hors-série n° 74,
« À chaque heure sa prière », p. 8.

Un temps de reconnaissance

Seigneur, donne à chacun
son territoire intime
son heure secrète
qu'elle soit d'aube ou de nuit,
au feu de midi ou dans les prémices du soir.

Un temps vierge
où fleurir loin des regards,
et flamber pour la seule gloire du vivant,
à l'abri des présences visibles,
mais en prise sur la communion des saints.

Un temps libre, allègre et gratuit ;
pour rien, pour du beurre.
Un temps de reconnaissance
envers ce qui s'offre
à portée de l'heure.

Un temps d'éloge,
fêtant ce qui s'épanouit sous les yeux :
un saule que le vent bouscule,
une capucine, un chat roux ;
un visage endormi souriant aux anges,
une nature morte au citron.

Ce qui chante à l'âme
– sonate ou cri d'alouette –,
ce qui embaume et ravit ;
une naissance, un achèvement.
Une aire de jachère où germera la promesse.

Aide-moi à saisir l'instant,
à entretenir la ferveur et l'éveil, à bondir
alors que je demeure tel un enfant

127

qui n'ose se jeter
dans les bras grands ouverts.

Colette Nys-Mazure, *Panorama*,
avril 2002, p. 23.

Le temps de vivre

Seigneur, règle l'allure de mes pas.
Je ne me précipiterai pas.
Tu m'incites à des pauses régulières.
Tu me pourvois d'images paisibles
qui rétablissent ma sérénité.
Tu me conduis sur la voie de l'efficacité
par le calme de l'esprit et ta direction de paix.
Même si j'ai un grand nombre de choses à accomplir
chaque jour, je ne me tourmenterai pas,
car ta présence, Seigneur, m'accompagne.
Ton immortalité, ta grandeur
me garderont en équilibre.
Tu ménages le délassement et le renouveau
au plus fort de mon activité,
car tu imprègnes mon esprit
de tes huiles de tranquillité.
Ma coupe déborde d'une joyeuse énergie.
L'harmonie et l'efficacité
seront le fruit de mon labeur,
car je marcherai dans tes pas, Seigneur,
et j'habiterai dans ta demeure pour toujours.

Version japonaise du Psaume 23,
Prier, n° 214, septembre 1999.

Gérer son temps

Mon Dieu,
apprends-moi à bien user du temps que tu me donnes
et à le bien employer sans en rien perdre.
Apprends-moi à prévoir sans me tourmenter.
Apprends-moi à tirer profit des erreurs passées
sans me laisser aller au scrupule.
Apprends-moi à imaginer l'avenir
en sachant qu'il ne sera pas comme je l'imagine.
Apprends-moi à pleurer mes fautes
sans tomber dans l'inquiétude.
Apprends-moi à agir sans me presser
et à me hâter sans précipitation.
Apprends-moi à unir la sérénité à la ferveur,
le zèle à la paix.

Aide-moi quand je commence
parce que c'est alors que je suis faible.
Veille sur mon attention quand je travaille.
Et surtout comble toi-même les vides de mes œuvres.

Jean Guitton,
dans *Prières pour les incontournables de la Vie*,
Signe, 2001, p. 42.

Seule dans l'église

En plein milieu de cette journée,
assaillie de travail, d'efforts,
de soucis, de brouhaha,
me voici, Seigneur,
seule dans cette église, le temps d'une brève pause.

A peine franchi la porte,
je me laisse gagner par le silence.
À son écoute, mon pas s'apaise, se ralentit,
m'entraîne à accueillir ce qui s'offre à moi.

Dehors, Seigneur, tu sembles parfois si lointain,
Dieu, si proche chaque fois que je t'invoque.
Tu reçois l'inaudible murmure de mon cœur
qui, dans le silence, s'ouvre à ta joie.
Donne-moi d'accueillir ta paix,
d'en vivre tout au long de ce jour
et de la partager avec d'autres.

Maja Siemek, *Prier*, hors-série n° 74,
« À chaque heure sa prière », p. 31.

Seigneur, viens-tu faire des courses avec moi ?

Il fallait que je sorte faire ces courses nécessaires,
mais une fois de plus,
je regrettais le temps dépensé
que je croyais gaspillé.
Ô ce temps tyrannique,
époux imposé,
compagnon implacable de mes journées et de mes ans,
qui fractionne ma vie.
me presse et me commande,
m'obligeant à courir,
lui qui court si vite !
Ne suis-je pas son esclave ?

Mais ce matin, tu m'as fait signe, Seigneur,
me rappelant que tu étais là.
Disponible,
paisible,
immobile.
Alors j'ai décidé de maîtriser le temps,
de prendre mon temps,
en abandonnant la voiture et en sortant à pied.
Et je t'ai dit, Seigneur :
« Viens-tu faire les courses avec moi ? »
Ensemble nous les avons faites,
et je veux ce soir te remercier de m'avoir accompagné,
car j'ai vu ce que sans Toi,
je n'aurais pas même aperçu.

Michel Quoist, *Chemins de prières*,
L'Atelier, 2003, p. 48

À l'heure

À l'heure où le soleil ferme son œil de feu,
À l'heure où la lune éclaire la sombre forêt,
À l'heure où les étoiles chantent ta grandeur,
Nous te remercions, Père, pour cette journée
Qui jamais plus ne reviendra.
Vienne ton aurore,
Dans les replis secrets de nos cœurs !

À l'heure où courbe l'homme sous le travail fini,
À l'heure où mûrit le pain de nos greniers,
À l'heure où vieillit le vin de nos celliers,
Nous te remercions, Père, pour ta présence
Qui sanctifie les humbles choses du quotidien.
Vienne ton matin,
Dans l'avenir de l'Univers !

À l'heure où notre cœur crépite sur la braise,
À l'heure où notre prière tisse sa toile d'espoir,
À l'heure où notre lampe luit sur la rampe du lit,
Nous te remercions, Père, pour ta parole
Qui féconde notre pauvreté offerte.
Vienne ton jour,
Dans le retour de Jésus-Christ !

À l'heure où le temps continue malgré tout,
À l'heure où le Royaume se construit en nous,
À l'heure du moment présent de maintenant,
Nous te remercions, Père, pour ton Esprit
Qui transfigure notre histoire en sainteté.
Vienne ton éternité,
Dans la résurrection des corps !

J. G., *Que cherchez-vous au soir tombant ?*,
Cerf/Médiaspaul, 1995, p. 85.

Prière juive du coucher

Sois loué, Éternel notre Dieu,
roi de l'Univers,
qui verses le sommeil sur mes yeux
et l'assoupissement sur mes paupières.
Éternel mon Dieu et Dieu de mes pères,
permets que je me couche en paix
et que je me relève de même,
que mon repos ne soit pas troublé
par des images fâcheuses,
par des rêves sinistres ou des pensées impures.

Que mon sommeil soit celui de l'innocence,
et daigne rendre demain la lumière à mes yeux,
afin que je ne m'endorme pas
du sommeil de la mort,
car c'est Toi qui rends la lumière
à la prunelle des yeux.
Sois loué l'Éternel,
qui fais rayonner ta gloire
sur tout l'Univers.

Dans *Prier*, hors-série n° 74,
« À chaque heure sa prière », p. 37.

PRIÈRES DU MONDE

134

Voici que la nuit s'est enfuie

Voici que la nuit s'est enfuie
Le jour de ses voiles s'est départi
As-tu agréé ma nuit
Afin que je m'en réjouisse
Ou l'as-Tu refusée
Afin que je m'en console
Par Ta gloire
Tant que Tu me donneras vie
Il en sera toujours ainsi
Par Ta gloire
Me chasseras-Tu de Ta porte
Que je n'en bougerais pas
Et seule Ta munificence
En mon cœur demeurera.

Habîba al-Adawiyya,
dans *Les Femmes soufies ou la passion de Dieu*,
Dangles, 1992, p. 106.

Maître du temps

Père de la première fois !
Éveille-nous à l'inattendu de ce jour,
à cette meilleure part que tu nous offres.
Inspire-nous les mots et les gestes
pour continuer l'œuvre de ta création.

Fils de la rentrée !
Accompagne-nous à l'école, au travail,
que nous prenions du temps pour toi,
puisque tu es présent dans ce temps
où nous célébrons ta résurrection.

Esprit de renouveau !
Regain de vie au-dedans comme au-dehors,
souffle d'espoir qui ravive notre foi,
tout recommence aujourd'hui dans ton feu
qui se répand depuis le jour de la Pentecôte.

Trinité des recommencements !
Présence d'amour dans le temps et l'histoire.
Gloire à toi, Père, qui nous recrées à chaque instant.
Gloire à toi, Jésus, Parole et Pain sur nos chemins.
Gloire à toi, Esprit, qui nous rassembles en Église.

J. G.

Pour ne pas conclure

La prière, comme la vie, ressemble à un voyage en train où l'on monte et l'on descend. Il y a des départs et des arrêts, des compagnons de voyage et des inconnus, du silence et de la solitude, des joies et des tristesses, des accidents et des surprises. « On prend toujours un train pour quelque part », chantait Gilbert Bécaud.

Un autre troubadour y va aussi de son refrain : « Que reste-t-il de nos amours ? Que reste-t-il de ces beaux jours ? » Cette chanson nostalgique de Charles Trenet évoque le temps qui passe et les souvenirs des

« amours mortes ». Nous reviennent en mémoire une vieille photo, un vieux clocher, des cheveux au vent, les fleurs dans un livre, envolées avec le temps.

Combien de temps nous reste-t-il à vivre ? Comment se portent nos amours ? Quand partira notre dernier train vers la gare centrale ? Nul ne le sait vraiment. Mais le temps qu'il nous reste sera dense et fécond si nous l'employons à prier chaque jour, pour mieux aimer. Car le danger qui nous guette, c'est l'habitude et la routine, et ainsi « Avec le temps on n'aime plus », chante tristement Léo Ferré :

> Avec le temps, va, tout s'en va
> On oublie le visage et l'on oublie la voix,
> Le cœur, quand ça bat plus, c'est pas la peine d'aller
> Chercher plus loin, faut laisser faire et c'est très bien...
> (*Avec le temps*)

Le temps qu'il nous reste, long ou court, file entre les doigts comme du sable fin. Il coule au tic-tac de l'horloge. Mais dans la prière de foi confiante, nous croyons que rien ne pourra nous séparer de l'amour de Dieu, pas même le présent. Il y a un tel plaisir à croire en cet amour et à prier le Christ que c'est douleur de voir tant de gens s'en priver.

> J'en ai la certitude, ni la mort ni la vie, ni les esprits ni les puissances, ni le présent ni l'avenir, ni les astres, ni les cieux, ni les abîmes, ni aucune autre créature, rien ne pourra nous séparer de l'amour de Dieu qui est en Jésus-Christ notre Seigneur. (Romains 8, 38-39.)

Que nous soyons cigales chanteuses ou fourmis laborieuses, nous ne pouvons pas arrêter le temps, ni changer le passé ni maîtriser l'avenir. Nous ne pouvons que les remettre à Dieu, dans ce présent qu'il nous donne comme un cadeau, pour notre conversion, et que nous recevons dans l'action de grâce :

> Pour le Seigneur, un seul jour est comme mille ans, et mille ans comme un seul jour. Le Seigneur n'est pas en retard pour tenir sa promesse, comme le pensent certaines personnes ; c'est pour vous qu'il patiente : car il n'accepte pas d'en laisser quelques-uns se perdre ; mais il veut que tous aient le temps de se convertir. (2 Pierre 3, 8-9.)

Nous tournons le temps vers le jour du Seigneur, jour de joie et de résurrection. Nous célébrons ce jour tout au long de l'année liturgique. Qu'attendre de plus ? Pierre nous donne une réponse qui est encore valable aujourd'hui :

> Ce que nous attendons, selon la promesse de Dieu, c'est un ciel nouveau et une terre nouvelle où résidera la justice. (2 Pierre 3, 13.)

Donnons notre temps et notre vie pour bâtir avec le Christ un ciel nouveau et une terre nouvelle. Revenons à la source du cœur, le lieu de toute prière, pour que la justice y réside en permanence. Prions avec les paroles de la liturgie de l'Église ou dans le silence de l'oraison. Gardons nos lampes allumées pour l'heure du rendez-vous ultime. Attendons avec confiance cette rencontre où nous tomberons en Dieu. Nous contemplerons l'Amour, ciel nouveau et terre nouvelle, si souvent entrevus dans nos prières matinales et nocturnes.

Table

2NDE PARTIE